대전환시대
공교육대혁명

송주명 **지음**

진인진

목차

표 목차

그림 목차

글상자 목차

모처럼 교육의 새로운 희망을 제시해준 책 한권을 만났습니다. '대전환시대 공교육대혁명'이란 책입니다. 이 책은 공교육 회복을 통해 우리 사회가 나아가야할 미래 좌표를 풍부한 경험과 해박한 지식 그리고 명쾌한 논리로 보여주고 있습니다. 책은 혁신교육의 주창자인 저에게도 새로운 문제제기를 하고 있습니다. 우리 보통의 시민들은 공교육에 의지할 수밖에 없습니다. 공교육이 그들의 희망과 꿈을 키우는 가장 중요한 대안이자 통로이기 때문입니다. 우리 교육이 고민해야 할 핵심 화두가 공교육으로 모아져야 할 이유이기도 합니다.

이 책은 그 공교육을 혁신교육의 초심으로 돌아가 우리 시대의 '시대정신'이 요구하는 그 전면적 변화의 방향을 모색하고 있습니다. 어찌 보면 2009년 저와 함께 출발한 혁신교육의 새로운 장을 개척하기 위한 책이라고도 할 수 있습니다. 그러나 책은 '혁신교육'에 많은 질문을 던지고 있습니다.

혁신교육의 초심으로 돌아가되, 시대정신에 걸맞게 철학과 발전방향을 쇄신하라, 교육주체들과 시민의 뜻을 모아 민주적으로 새로운 교육의 설계도면을 마련하라, 그리고 현장에서 새로운 모델이 발전하도록 시간과 정성을 투자하라.

저자는 그 해답으로 혁신교육을 넘어선 '공교육대혁명'이란 새로운 대안을 내놓았습니다.

이 책은 제가 경기도교육감시절 혁신교육의 방향과 기틀을 함께 설계하고 실천해온 송주명 교수가 경기도교육청, 대학교육, 그리고 교육시민단체 등에서의 풍부한 활동 경험과 사색, 심도 깊은 연구를 통해 혁신교육의 문제의식을 한 단계 높은 차원에서 완성했습니다.

저자 송주명 교수는 한신대 교수와 민교협 의장이라는 점에서 제 후배교수이자 우리사회 민주주의와 혁신교육의 새로운 장을 열어간 동지입니다. 그는 교수로서, 지식인운동가로서, 그리고 교육개혁가로서 사람, 특히 우리 아이들, 그리고 우리 사회의 '더불어 행복한 삶'을 위해 따뜻한 시선과 책임성을 가지고 그 긴 기간을 흔들림없이 살아왔습니다. 그래서 이 책은 사람의 체취와 온기가 가득합니다.

세상과 뜨겁게 소통해오며 송주명 교수가 공공성, 민주성, 창의성의 철학과 날카로운 통찰력으로 엮어낸 이 노작이 부디 대전환의 시대, 우리 공교육의 근본적인 새판짜기에 핵심적인 길라잡이가 되기를 기대합니다.

전 부총리 겸 교육부장관

김상곤

추천사

교육이 한국 사회의 핵심 과제로 떠오르고 있다. 이미 위기의 한 가운데 들어 선지 오래인 교육이 지구적 규모에서 벌어지는 대전환 앞에서 가까스로 가는 숨을 이어가며 심폐소생술을 기다리고 있다. 도전은 거세고 위기는 심각하다. 송주명 교수가 여기에 구조대원으로 나섰다.

넷플릭스 드라마 〈지금 우리 학교는〉이 드러낸 우리 학교의 처참한 현실이 우리 가슴을 후벼 파고 있다. 다양한 'K-' 시리즈에 'K-학원 좀비물'이라는 또 하나의 장르를 세계에 각인시킨 이 드라마는 왕따(집단따돌림)와 학폭이 난무하며 제어되지 않는 분노를 자극하고, 서열화 속에서 '나의 생존'만이 최고의 가치가 되어버린 학교의 현실이 그려지고 있다. 물론 여기에서 학교는 한국 사회의 메타포다. 그러나 학교가 한국 사회의 축소판이라는 데 진정한 문제가 숨어 있다. 학교가 변하지 않으면 한국 사회가 변하지 않는다는 걸 아프게 깨달을 수밖에 없기 때문이다.

보는 것만으로도 고통스럽게 전개되는 이 드라마는 '우리'라는 대명사에 희망을 담고 있는 것으로 보인다. 공동체 회복, 공공성 구축이 그것이다. 구조대원 송주명 교수가 내놓은 해답이 '자치분권 교육공동체' 구축을 위한 공교육대혁명이다. 세 가지 주제어가 논지를 이끌어가고 있다.

기후변화, 민주주의, 그리고 평등이다. 사실 기후변화의 문제가 민주주의와 평등의 문제다.

기후변화를 살아내기 위해 구현되어야 할 핵심 가치가 민주주의와 평등이며, 교육의 현장에서 이 두 가치를 살려내는 것이 거대한 전환 앞에서 생존과 발전의 기본 조건임을 깨달아야 한다는 것. 이것이 송주명 교수가 이 책에서 전달하고자 하는 핵심 주제로 생각된다.

통독하고 나서, 과연, 오랜 친구 송주명 교수가 쓴 책이라는 독후감이 들었다. 그에게는 두 가지 이미지가 겹쳐 보인다. 학교 다닐 때부터 지금까지 변함이 없는 두 모습이다. 한 가지는 뚝심이다. 그는 신념의 사람이다. 보기에도 그렇다. 민주주의에 대한 변함없는 신념에 실천의 시간이 쌓여 무게감이 더해졌다.

또 하나의 이미지는 날렵함이다. 보기와 다르게 그는 발걸음이 가볍다. 내가 늦는 건지는 모르겠으나, 어느 샌가 모르게 그는 늘 한 발 앞서 있다. 그리고 행동에 바로 나서는 바지런함이 뒤따른다.

지구 규모의 기후변화와 기술혁신, 세계질서 대전환 등의 지평에 서서 한국의 교육 문제를 진단하고 처방하는 이 책에서 그의 우직함과 함께, 또 한 발 앞서가는 그의 날렵함을 확인할 수 있다. 거기에 연구자로서의 시간이 지적

나이테로 더해졌다. 그럼에도 그는 가르치려 들지 않는다. 함께 고민하고 함께 나아가자고 호소하고 있다. 교육시민 단체 민주주의학교 활동 등 오랜 운동의 경험에서 나오는 겸손함이다.

'지금 우리 학교'를 살리는 길이 우리 모두 함께 사는 길이다. 교육이 한국사회의 축소판이기에 공교육대혁명이 한국사회변혁이다. 교사와 학부모, 교육 전문가는 물론, 한국사회의 미래를 고민하는 모든 분들께 일독을 권한다.

민주평등사회를 위한 전국 교수연구자협의회 상임의장
서울대학교 교수
남기정

송주명 교수님은 교수로서, 교육개혁 실천가로 대단히 많은 일을 하고 계십니다. 동시에 대학교수, 대학 구성원의 일원으로서 '대학민주화' '대학개혁'에 앞장서온 실천가기도 합니다. 이렇듯 바쁜 분이 최근에 책 한권을 냈습니다.

송주명 교수님이 발전시켜온 교육철학과 가치, 비전을 망라한 '대전환시대 공교육대혁명'이란 책입니다. 책 속에서는 송주명 교수님의 교육철학과 방법론이 서로를 북돋우며 시대적 난제로 얽혀 있는 우리 교육의 바다를 헤쳐나가고 있다는 느낌을 받습니다. 교육에 가로놓인 난제들에 대한 통찰력과 혜안이 빛납니다.

교육에 대한 연구서는 다소 따분하다는 선입견이 있는 게 사실입니다. 저는 "이론에 치우치면 공허하고 현실을 강조하면 답답하다"며 교육연구서에 대해 인색한 평가를 하기 일쑤였습니다. 교육의 시선이 현재보다는 늘 미래로 향하고 있는 이유도 있을 겁니다.

하지만 이 책에서는 묘한 긴장감에 더해 비장함까지 느껴집니다. 그의 삶의 이력에서 이유를 찾을 수 있습니다. 그가 걸어온 지난날을 조금 들춰보면 치열한 삶이 드러납니다. 노무현대통령 탄핵무효 부패정치청산 범국민행동 정책위원장, 민주화를 위한 전국교수협의회 상임공동의장, 박근혜 퇴진과 민주평등사회를 위한 전국교수연구자 비상시국회의 상임대표, 박근혜정권 퇴진 비상국민행동 공동대표 등을 맡으며, 민주주의 운동가로서 시민들이 중심에 서는 민주주의를 위해 우리 역사의 고비 고비마다 자신의 역할을 해왔습니다.

이 책에는 그의 삶과 진정성이 오롯이 녹아 있습니다. 민주주의를 철저히 신뢰하고 지성을 갖춘 시민을 형성해야 한다는 그의 사상이 교육 영역에서 펼쳐지고 있습니다. 민주주의학교, 우리 시대와 교육이 멋지게 만나는 지점입니다.

아이들은 우리의 미래입니다. 이 책은 교육이 아이들의 운명은 물론, 우리 사회와 국가의 미래를 바꿀 거의 유일한 분야임을 일깨워줍니다. 우리 아이들이 더불어 행복한 연대사회를 향해 슬기롭고 정의롭게, 그리고 용기있게 실천하는 주역으로 성장할 수 있도록 해야 합니다. 이것만이 우리 사회의 희망입니다. 그 희망찬 교육개혁을 일구고 계신 송주명 교수님을 응원합니다.

전국교수노동조합 위원장
강원대학교 교수
김일규

서문

대전환시대 공교육대혁명,
혁신교육 이후 새로운 교육의 비전 모색

'교육을 보면 그 사회의 미래를 알 수 있다'고 했다. 그런데 우리 교육은, 또 교육이라는 렌즈를 통해 비춰지는 우리 미래의 모습은 어떠한가?

눈앞에 닥친 미래는 우리에게 벌써부터 많은 것을 요구하고 있다. 인공지능으로 대표되는 디지털 기술혁명 시대에는 통찰력과 기획력, 추진력을 가진 창의지성적 인재상이 요구된다. 이러한 인재는 디지털 기술혁명을 '홍익인간'의 정신으로 재구성하고 그 위에서 인류의 부강과 민주주의를 더욱 발전시킬 미래 시대의 주역이다.

가깝게는 코로나19, 기후위기, 갈수록 심화되는 불평등과 양극화, 그리고 세계 최저의 출생률 등 하나하나 해결해야 할 사회현안이 산더미와 같다. 세계와 대한민국 전체에 걸치는 대전환의 시기다. 아울러 이에 발맞춘 공교육 전체의 대혁명이 요구되고 있다.

한때 경기혁신교육은 대한민국 공교육의 희망이었다. 2010년대 초반 첫 번째 혁신교육감인 김상곤 경기교육감은 교육 공공성과 민주성, 그리고 창의성의 깃발을 휘날리며,

특권교육과 교육불평등에 경종을 울려 혁신교육으로 대한민국 교육에 참신한 희망을 주었다. 그로부터 10여년 이상이 흘렀다. 2014년 이래 전국을 진보교육감이 석권하고 혁신교육은 어느덧 주류가 되었다. '혁신교육'은 그간 비정상 상태에 있던 공교육현실을 정상화하는 데 많은 기여를 하였다. 그러나 대전환의 시대를 대비해 혁신교육이 취지에 맞게 혁신적인 역할을 해왔는지는 되돌아볼 일이다. 이제 혁신교육은 그 피로도와 함께 여러 가지 문제들에 직면하고 있다.

경기교육은 더욱 문제가 깊다. 경기 혁신교육은 그 성과여부를 차치하고 이제 사실상의 주기를 완성했다. '혁신'은 그 뜻대로 '현재, 그리고 현장의 민주적 소통'을 통해 끊임없이 진화하지 않는다면, 그것은 이미 혁신이 아니라 정체이다. 현재의 경기교육에서 혁신교육의 초심인 '시대정신', '민주적 소통', '현장중심주의'를 발견하기 어렵다.

'미래교육'의 기치를 내건 정책도 마찬가지다. 미래에 대비한 새로운 제도 도입과 교육여건 조성을 강조하고 있지만, 공허하긴 마찬가지다. 결정적으로 어떤 '학력'인지와 '학생'이 빠져 있다. 미래사회가 요구하는 인재상의 주요 덕목, 즉 창의와 통찰력, 융합적 사고력 등을 어떻게 함양할 것인지에 대해서는 이렇다 할 답이 없다. 그래서 "오늘의 학생을 어제의 방식으로 가르치는 것은 그들의 내일을 빼앗는 것이다"라는 위대한 교육사상가 존 듀이의 외침

이 가슴 절절하게 와 닿는다.

경기교육뿐 아니라 대한민국 교육은 지금 중대한 고 빗길에 서 있다. 교육이 미래에 잘 대응하면 새로운 기회와 가능성이 열리겠지만, 대전환의 시대에 구태 속에서 안주하고 변화를 외면한다면 우리 사회 전반이 위기를 피할 수 없는 엄중한 때다. 대한민국 대전환시대, 이에 걸맞는 공교육대혁명이 필요한 이유다.

우선, 대전환시대 학교는 무엇을 가르치며, 학생을 어떻게 키워내야 하는지 학교의 역할과 성격, 학력과 교육과정 등에 대한 기존 개념의 근본적 재정립이 필요하다. 이제 인구절벽 대한민국의 미래를 책임질 소중한 인재를 이전의 방식으로는 키워내려고 해서는 안된다.

또한 개별학교 단위에서 모든 교육이 완성되는 시대는 지났다. 세계가 네트워크로 연결되고 융합되어 강력한 힘을 발휘하는 시대다. 이제는 개별 학교의 담장을 뛰어넘어, 학교와 학교가 연결되고, 학교와 지역이 협치·융합하는 새로운 교육대전환, 공교육대혁명의 해법이 필요하다. 그 모델로 이 책은 '자치분권 교육공동체'를 제안한다.

자치분권 교육공동체는 지역 내 고교들을 네트워크화하고, 초·중·고 간의 교육과정 및 민주적 연계를 강화하여 지역 내 고교교육, 나아가 초·중·고 공교육 전체의 교육의 품격을 높이고 학생들의 선택 폭을 넓혀, 공교육의 질을 획기적으로 강화하는 모델이다. 대한민국 대전환시대에 필요한 핵심적 교육과제들을 지역 및 학교들과의 협치, 협력 속에서 해결하고, 획기적으로 확대된 교육 자치분권을 전제로 지역단위로 확장된 공교육대혁명 모델을 만들고, 이를 경기지역 전체로 점진적으로 확대해 나갈 것이다.

지난 10여 년 학령인구의 극적인 감소에도 불구하고 한국의 사교육비 총액은 줄어들지 않고 있다. 코로나로 인한 학습결손에 대한 우려로 사교육에 문을 두드리는 학부모도 늘어나고 있다. 당장 우리교육은 코로나 팬데믹 시대가 남긴 교육격차를 어떻게 해결해야하는가라는 중대한 과제에 당면하고 있다. 이제 공교육의 향배는 한 지역만의 문제가 아니라 대한민국의 미래를 결정할 중대 사안이 되고 있다. 그런 만큼 '코로나19 잃어버린 학교' 세대에 대한 대처 등 교육문제 해결을 위해 우리 사회의 모든 역량을 쏟아부어야 한다.

이런 점에서 경기교육을 비롯한 대한민국의 교육은 전면적 전환이 필요한 상황에 직면해 있다. 여기에는 인적, 물적 인프라를 강화하기 위한 대대적 재정투자도 필요하지만, 우리 교육 주체들이 가진 역량을 쌍방향에서, 역동적으로 연결해 공교육의 대혁신에 기여할 민주적 교육플랫폼이 중요해진다.

위기에는 전체를 바라보는 비전과 실천이 중요하다. 우리를 축소시키는 시각이 아니라 넓게 확장시키는 시각과 구체적 실천이 필요하다. 다양한 영역, 다양한 주체들 간의 협력, 민주적 소통을 통해서 역동적으로 교육현장의 변화를 가속화하고, 시대적 교육현안을 해결하기 위한 공교육 대혁명 모델을 창출해야 한다.

이 책은 그간 필자가 오랜 대학교수로서의 대학교 현장에서의 경험, 경기혁신교육, 서울혁신미래교육에 참여하고, 교육시민단체 민주주의학교의 활동을 함께 해오면서 발전시켜오던 교육구상을 하나로 엮은 책이다. 그만큼 필자의 교육실천가로서의 고민, 그리고 학자로서의 연구 결과들이 녹아있는 책이라고 할 수 있다. 이 책은 교육현장에 대한 미시적 논의보다는(책의 제목에서도 읽혀지겠지만) 우리 교육을 둘러싼 생태적 조건의 대전환과 그에 필요한 공교육의 거시적 재설계 방향을 논하고 있다. 이 책이 대전환시대 새로운 교육의 밑거름이 되기를 기대한다.

아울러 이 책에 영감을 준 교육 현장의 많은 분들께 감사드리며, 이 책이 나오기까지 자료를 찾고 정리를 도와준 김유경님에게 고마움을 전한다.

* 이 책은 민주주의학교 총서의 일부임을 밝힌다.

송주명

I

대전환의 시대

교육은 시대정신을 반영해야하며, 교육을 통해 인간은 불확실한 미래를 살아갈 힘을 얻는다. 따라서 지금 이 시대를 정확하게 진단하고 이해하는 것이 중요하다.

1. 대전환시대의 세계

교육은 시대정신을 반영해야하며, 교육을 통해 인간은 불확실한 미래를 살아갈 힘을 얻는다. 그런 점에서 지금 이 시대를 정확하게 진단하고 이해하는 것은 교육의 미래를 고민함에 있어 무엇보다 우선되어야 한다. 지구와 인류, 국가와 개인이 대전환의 귀로에 서 있다. 그중 하나만으로도 지구와 인류, 그리고 국가의 흥망과 개인들의 삶을 송두리째 변화시킬 혁명적 전환들이 한꺼번에 몰려오고 있다.

첫째, **지구적 대전환**이다. 기후위기로 인해 가뭄, 냉기 폭풍, 폭설, 홍수, 폭염 등 이상기후가 늘어나고 있다. 세계보건기구(WHO)에 따르면 전 세계적으로 연간 700만 명이 대기오염으로 사망하고 있다. 또한 우리는 기후의 역습으로 북극 시베리아의 불더위와 영구 동토층의 해빙을 보았고, 최근 몇 년 전세계가 여름 불볕더위를 경험하였다. 인간이 자연질서를 대대적으로 교란시켜버린 결과, 공포스러운 기후의 역습이 시작되었다. 남극과 북극의 기온상승, 해수면 온도상승 등으로 인한 지구상 바람 흐름의 변화(제트기류와 기압골의 변화 등)로 2020년 여름 우리나라는 장마 아닌 역대급 물폭탄이 이어졌고, 마이삭·하이선 등 거대한 태풍이 연속으로 몰아쳐서 한반도 동부를 처참하게 유린했다. 또한 미국 서부는 진화되지 않는 산불재앙에 시달리고 있고, 데스벨리의 기온이 섭씨 60도까지 치솟고, 텍사스,

앨라배마 등 남부는 초강력 허리케인이 휩쓸고, 여름에도 서늘했던 북유럽의 노르웨이와 시베리아는 40도 고온으로 치닫는 등, 이 모든 기후 변화는 위기를 넘어서 거대한 자연재앙의 시리즈로 다가오고 있다.

특히 북극과 가까운 시베리아 북부의 변화는 심각하다. 세계에서 가장 추운 지역 중 하나인 러시아 극동 사하공화국(Republic of Sakha.Yakutia)의 오미야콘과 베르호얀스크의 기온이 최근 섭씨 40도 가까이 치솟았다. 이러한 기후 이변이 연속되면서 영구 동토층이 녹아내리고 그 위에 지어진 여러 시설들이 불안정해져서 붕괴되는 일이 빈발하다. 이 지역에는 동토층 위에 발전소, 가스전, 송유관 및 가스관, 철도, 공항 등 안전을 필요로 하는 주요시설이 건설되어 있는데, 최근 기온이 급상승하고 동토층 내부가 녹아내림으로써 이 시설들 모두가 위험에 봉착하고 있다.

기후위기로 시베리아 지역의 산불도 급증하고 있다. 이미 북극 얼음의 상당량이 녹아내려, 얼음으로 갇혀 있던 북극에도 새 항로가 뚫렸다. 남극과 북극의 얼음이 녹으면 해수면 상승으로 우리 생활터전의 상당 부분이 물에 잠기게 된다. 나아가 동토층에 가둬진 바이러스와 세균도 해빙된다. 동토층에서 녹아 나온 탄저균이 시베리아의 순록과 인간을 공격한 것은 대표적이다. 고대 바이러스의 공격도 계속될 것으로 예측되며, 코로나 팬데믹과 유사한 새로운 위기의 위험성이 커지고 있다.

최근 기후위기를 보면, 만시지탄(晩時之歎)이라는 말이 떠오른다. 기후위기는 바로 우리 인간의 생존 위기로 나타나고 있다. 이미 30년 전부터 계속된 지구온난화와 기후위기에 대한 경고는 이제 실체적 위협으로 다가왔다. 환경파괴에 대한 위기감을 시각으로 표현한 '인류의 환경위기시각'에 의하면 0~3시까지는 '좋음', 3~6시는 '보통', 6~9시는 '나쁨', 9~12시는 '위험'을 나타낸다. 세계각국의 정부, 연구소, 시민단체 등에 소속된 환경 전문가들의 설문조사를 바탕으로 측정한 아사히글라스재단의 『환경문제와 인류 생존의 문제』(2019) 보고서에서는 인류의 환경위기시각이 1992년 7시 49분에서 2019년 9시 46분으로 심각해지고 있다고 발표했다(**그림1**).

국제사회는 1992년 '기후변화기본협약(United Nations Framework Convention on Climate Change)'을 체결한 이후 1997년 교토의정서와 2015년 파리협약으로 발전하며 온실가스 감축과 기후변화 문제 해결을 위해 공동의 노력을 기울여오고 있다. 파리협약에서는 산업화 이전 대비 지구 평균 기온 상승을 2℃보다 상당히 낮은 수준으로 유지하는 장기목표를 제시하고, 특히 1.5℃ 이하로 제한하기 위한 노력을 추구하기로 하였다.

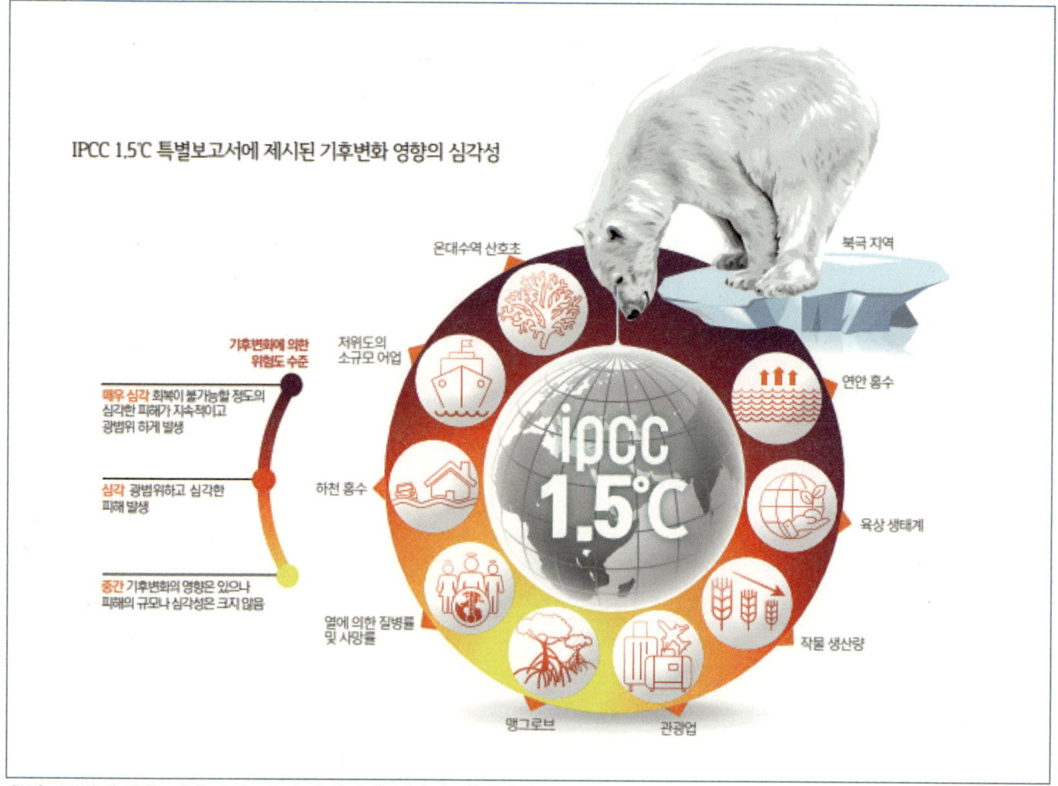

출처: 국립생태원, 기후변화, 우리 생태계에 얼마나 위험할까, 2020.

기후변화에 관한 정부간 협의체(IPCC)는 2018년에 이른바 '지구온난화 1.5℃ 특별보고서'를 발간, 산업화 이후 인류가 이미 배출한 탄소량을 감안하면 지구의 평균 기온 상승을 산업화 이전 대비 1.5℃로 억제하기 위하여 2030년까지 전 세계가 이산화탄소 배출량을 2010년 대비 최소 45% 이상 감축해야 하고, 2050년까지는 탄소중립을 선언

해야 한다고 권고하였다. '1.5℃ 기후변화특별보고서(2018
년)'에 따르면 산업화 이후 지난 100년간 지구 전체 평균 온
도가 약 1℃ 상승해왔으며, 이미 적도 부근의 해양생태계는
심각한 타격을 받고 있다. 현행대로 온실가스를 배출할 경
우 온도는 4.7℃ 상승하고, 최근 몇 년 경험한 폭염일수 또
한 23.0일에서 64.7일로 증가할 것으로 예측된다. 이러한
위협은 전 지구의 평균 온도가 2℃ 상승할 때, 더욱 극심해
질 것이며, 2100년까지 온도 상승을 1.5℃까지 제한하는 노
력이 절실하다고 제언하고 있다.

생태위기와 기후위기를 외면하면 폭염, 한파, 홍수, 식
량난, 전염병 등 인간의 삶을 위협하는 새로운 위기가 반
복된다. 기후변화는 기후와 자연생태계는 물론 기존의 산
업과 경제에도 심대한 영향을 미친다. 한 연구는 기후변화
를 어느 정도 완화하면 2100년까지 세계 국내총생산(GDP)
는 37%까지 급감할 것으로 예상하며, 스위스의 RE연구소
(Swiss Re Institute)의 2021년 기후경제지수 연구에 따르면,
최악의 시나리오의 경우 세계GDP 손실은 전 세계 18.1%,
OECD 국가 10.6%, 한국 12.8% 수준으로 예상한다.

그러나 탄소배출량 감축을 위한 각국의 노력들은 팬데
믹 과정 에너지 가격이 급등하면서 암초를 만나고 있다. 천
연가스 가격 급등 등의 원인으로 발생한 전력난 등으로 친
환경 정책 수정 움직임들도 나타나고 있다. 환경문제는 노

동, 복지, 주거 등의 문제와 연계되며 단순히 일국 내에 머무는 것이 아니라 국가간 갈등의 새로운 요인으로 등장하고 있다. 동북아시아의 황사, 후쿠시마 원전사고 등이 대표적이며, 환경문제의 책임을 둘러싼 국가들 간의 갈등은 점점 더 확대되고 있다. 이에 온실가스 배출과 신재생 에너지 활용에 대한 국제적 압력도 증가하고 있고, 환경 문제 해결 기술을 발전시키기 위한 국가간 경쟁도 점점 더 치열해지고 있다.

따라서 세계적 기후위기로 인한 피해를 최소화하기 위해서는 온실가스 저감과 함께 지속 가능한 사회경제 경로로의 전환이 필요하다. 이러한 지구적 위기속에서 지속가능발전(Sustainable Development)이 중요해진다. 1987년 세계환경개발위원회(WCED)는 '우리 공동의 미래(Our Common Future)'라는 보고서에서 지속가능발전이란 '미래 세대가 그들의 필요를 충족시킬 능력을 저해하지 않으면서 현재 세대의 필요를 충족시키는 발전'이라고 정의하였다.

둘째, **기술적 대전환**이다. 인공지능을 필두로 디지털기술의 비약적 발전은 인류문명, 국가, 사회를 넘어 개인의 삶에도 근본적 변화를 야기하고 있다. 세계경제포럼(World Economic Forum)에서 처음으로 4차산업혁명 개념을 제기한 클라우스 슈밥(Klaus Schwab)은 4차산업혁명을 "인공지능, 사물인터넷, 빅데이터, 모바일 등 첨단 정보통신기술이 경제·사회 전반에 융합되어 혁신적인 변화가 나타나는 차세대 산업혁명"으로 정의했다. 즉 4차산업혁명은 "D(데이터), N(네트워크), A(AI, 인공지능) 등 지능정보기술을 기반으로 정보통신 산업뿐 아니라 제조, 의료, 농업 등 다양한 산업 분야가 혁신되어가는 과정"으로서 이전의 정보화혁명과는 근본적으로 구분되는 변화이다. 4차산업혁명은 기하급수적인 속도로 진행한다는 점에서 혁명적 변화이며, 범위와 깊이에 있어 하드웨어와 소프트웨어가 결합하거나 사이버공간과 물리공간이 결합된 새로운 체계를 통해 기술·경제·사회에 패러다임 전환적 변화를 일으키며, 기업간, 산업간, 국가간의 관계를 변화시키는 사회전반에 걸친 시스템적 변화를 유도한다는 점에서 대전환이다.

인공지능과 로봇, 사물인터넷, 블록체인, 빅데이터, 자율주행 등 다양한 첨단기술을 바탕으로 과거에는 상상도 할 수 없었던 변화가 다가오고 있다. 무엇보다 인공지능 기술의 비약적 발전으로 기계가 인간의 능력을 초월하는 미래가 공상과학 영화가 아닌 눈앞의 현실로 다가오고 있으며, 기존의 사이버공간과 물적 공간의 경계를 허물고, 사물과 공간이 연결되는 초연결사회, 인공지능과 빅데이터가 연계되는 초지능사회로 나아가고 있다. 첨단기술의 급속한 발전이 정치·경제·사회의 기존 작동원리를 근본적으로 변화시키고 있다(그림2).

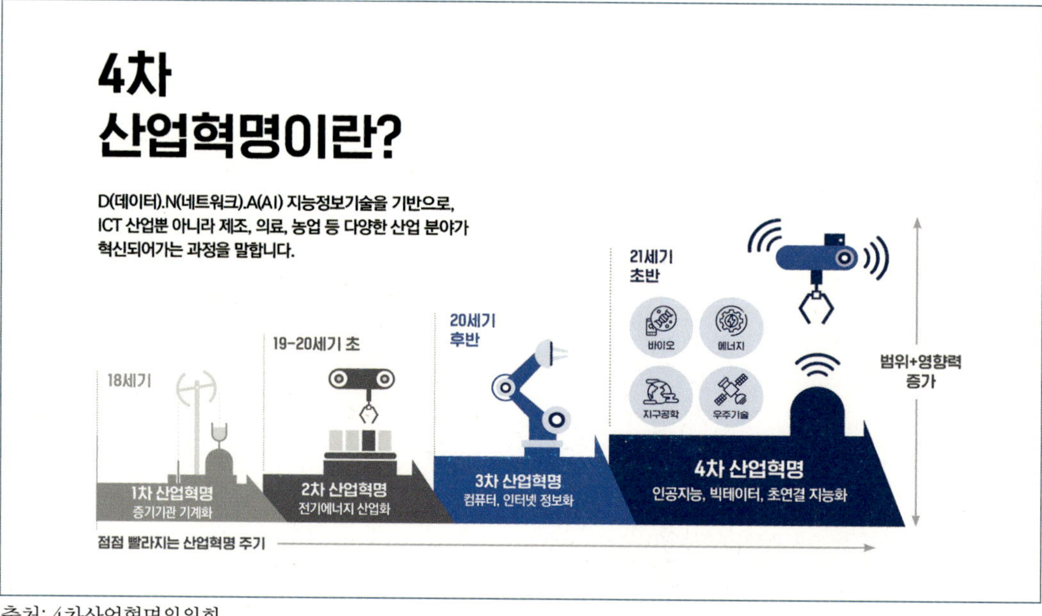

출처: 4차산업혁명위원회

첨단기술을 둘러싸고 국가간, 기업간 경쟁은 물론, 개인들의 경쟁도 더 극심해지고 있다. 첨단 디지털 사회로 전환과정에 새로운 기술에 대체되는 기존 산업과의 갈등이 커지고 있고, 산업전환과 일자리의 대체는 사회적 갈등을 야기하고 있다. 인공지능 기술의 급격한 발전의 한편으로 기술의 오용과 알고리즘 편향 등 위험성도 커지고 있다. 특히 AI알고리즘의 편향과 소셜플랫폼의 작동방식은 기존의 사회적 편향을 증폭시키며 언론의 공론장으로서의 역할을 더욱 축소시키고 사회적 양극화와 혐오를 부추긴다. 대전환기 기술이 사람을 위해 역할하도록 사회제도를 만들어

가야하는 큰 과제가 우리 앞에 있다.

셋째, **세계사적 대전환**이다. 기술혁명과 국제질서의 변혁이 동시에 일어나는 시대, 중국의 재부상과 미·중 대결 시대를 말한다. 세계 제2차대전 이후 극심한 미·소냉전과 양진영의 대립은 1980년대 후반 동독을 비롯 사회주의 국가의 붕괴로 일단락되는 듯 했고, 세계는 오랜 평화의 시대를 경험했다. 탈냉전 이후 국제질서는 세계화와 정보화혁명 속에서 국가간 교역과 교류가 증대하고, 인터넷을 통한 자유로운 정보 이동과 소통의 확대로 사람들의 사회적 관계도 급격히 변화했다. 그러나 중국의 급속한 성장과 국제적 영향력 확대와 더불어 미·중 기술패권경쟁의 형태로 촉발된 미·중갈등은 단순히 미·중 양국만이 아니라 전세계 국가에 영향을 미치며, 새로운 '디지털 신냉전(Digital Cold War)' 시대의 도래에 대한 우려를 낳고 있다. 미·중의 대립은 반도체, 희토류, 의약류, 배터리 등 개별 기술 및 자원에 대한 대립에서 나아가 서로 다른 체제의 신이데올로기 경쟁으로까지 나아가고 있다.

기술과 경제의 상호의존성이 극대화된 상황에서 신이데올로기 경쟁으로까지 확대되고 있는 미·중 패권경쟁은 우리나라를 포함하여 세계 각국에 경제적, 외교안보적으로 심대한 영향을 미치고 있다. 이제 각국은 기술경쟁력, 기술주권, 경제안보적 차원에서 자국의 경제 및 외교안보전략을 새롭게 마련해야하는 미증유의 세계사적 대전환기에 서 있다.

넷째, 불평등과 양극화 시대의 **정치적 대전환**이다. 사회경제적 불평등과 양극화 심화는 지금 전 세계적 현상이다. 2011년 미국 뉴욕에서 시작된 '월가를 점령하라(Occupy Wall Street)' 시위는 이후 영국, 프랑스 등 82개국으로 확대되었다. 이른바 미국 소득 최상위 계층의 탐욕으로 금융위기 피해가 나머지 99%의 서민에게 돌아갔다고 비판한 이 시위는 세계의 사회경제적 불평등과 양극화 문제를 수면 위로 올린 것이었다. 이후 10년이 지났지만 상황은 개선되지 않고 악화일로를 걷고 있으며, 여러 국가들이 사회적 분열로 몸살을 앓고 있다. 경제적 양극화는 개별 국가 내에서 만이 아니라 국가간에도 부국과 빈국의 격차를 확대하고 있다. 세계화와 기술혁신은 국가간, 기업간, 개인간 소득 격차를 더 확대시키는 요인으로 작용했다. 상위 일부는 더 많은 임금을 받는(winner takes most) 현상이 더 확대되면서 사회경제적 불평등은 더 심화되고, 양극화가 더 확대되어갔다.

나아가 2020년 시작된 코로나19 팬데믹은 사회경제적 불평등을 더 키우고 있다. 세계은행은 '2022 세계경제전망'에서 지난 20년간 세계 각국이 이루어낸 불평등 개선의 성과는 코로나로 인해 다시 2010년초 수준으로 돌아갈지도 모른다고 전망하고 있다. 세계가 국가간, 그리고 국가내에서 커지는 소득불평등에 맞닥뜨리고 있다. 신자유주의체제 아래 심화되어온 불평등은 팬데믹과 기후위기를 계기로 더 악화되어 사회적 응집력을 떨어뜨리고 정치를 더 파국으로 몰아가고 있다. 코로나는 잘 사는 나라와 그렇지 못한 나라 간, 그리고 개별 국가 내 일자리와 부에 있어서의 양극화를 더 크게 확대하였다. 코로나 대응과정 백신불평등으로 인한 양극화는 국가간 거대한 균열을 야기했다. 이는 코로나 19에 대응하기 위해 대규모 재정을 동원할 수 있는 국가와 그러지 못한 국가의 경제력 차이에서 비롯되며, 미국 등 일부 부유한 국가의 백신독점과도 연결된다. 코로나 팬데믹 시기 부유한 국가와 부자들은 코로나 특수를 누리는 반면 취약계층의 고통은 더 커지고 있고, 코로나19로 전례 없는 부의 불평등이 심화되고 있다.

유엔식량농업기구(FAO)는 2020년 한해에만 세계에서 기아인구가 1억 1800명 늘었으며, 이 대부분은 아프리카, 아시아, 중남미 등 후진국에 집중되었다고 발표했다. 개별 국가 내에서도 불평등이 커지는 가운데 코로나 극복을 위한 각국의 경기부양 정책의 혜택은 오히려 부자들에게 돌아가고 있다. 글로벌 투자은행 크레디트 스위스(Credit Suisse)에 따르면 소득 100만 달러 이상 부자들의 총소득이 전세계 부에서 차지하는 비중은 35%에서 2020년 46%로 증가하는 등 부의 격차가 대부분 국가에서 크게 벌어지고 있다.

이러한 사회경제적 불평등의 심화에 더해 인공지능 등 디지털 기술의 급격한 발전과 페이스북과 트위터 등 소셜 미디어의 일상화는 기존의 정보 흐름, 전통 언론중심의 여론 생태계를 급격히 변화시키며, 기술로 인한 새로운 사회적·정치적 위기의 시대가 도래하고 있다.

지구적 기후위기, 시공의 경계를 넘는 세계화와 디지털화의 여파로 전 세계가 동시에 영향을 받고 있다. 인류는 개인과 나라 사이에 지금보다 더 큰 연결과 고립, 더 큰 동시성과 격차성, 최고의 경제발전과 최악의 불평등을 함께 경험한 적이 없다. 그러나 인류는 탈탄소 사회로의 전환과 더불어 불평등과 격차를 해소해야하는 어려운 전환기에 직면하고 있다. 코로나 팬데믹은 위기를 극복하기 위한 사회 내, 국가간 연대와 협력이 얼마나 중요한지를 잘 드러내 보여준다. 코로나19는 경제적으로 국가간, 계층간 격차를 더 확대하고 사회적 분열을 야기했지만, 한편으로 인류가 얼마나 연결되어 있는지, 공존공생해야하는지도 잘 보여주고 있다. 코로나19 팬데믹의 경험은 대전환기에 인류와 우리가 찾아야할 새로운 길의 방향을 보여준다. 성장과 효율성만을 강조하는 무한 경쟁의 삶의 방식에서 벗어나 공존과 연대, 지속가능한 성장의 길을 찾아야한다. 우리 삶의 근본적 대전환을 시작해야한다.

2. 대전환시대의 한국

지구적, 인류사적 대전환의 과제는 전 세계가 직면하고 있지만, 그 영향은 국가에 따라, 개인에 따라 다르다. 특히 한국, 그리고 한국인들에게는 더 혹독한 위기로 다가오고 있다.

첫째, 기후·환경위기와 공격에 슬기롭게 적응(adaptation)하면서도 지구를 살리기 위한 '**정의로운 생태적 전환**'을 위해 마지막 노력을 해야 할 때다. 더 이상의 온난화 진전을 막고 기후위기의 진행을 저지하기 위해 전 세계가 획기적으로 탄소배출을 저감(mitigation)하는 것이 시급하다. 그러나 동시에 현재 세계 곳곳의 위기 양상을 볼 때, 우리 인간이 이 재앙에 어떻게 슬기롭게 적응해 생존할 것인지도 아주 긴급한 과제가 되었다. 이제는 배출을 줄이기 위해서도, 그리고 더 나아가 자연재앙에 유연하게 적응하기 위해서라도 우리 삶의 방식을 획기적으로 전환해야 한다.

지구적 대전환에 대비하기 위해 세계 각국은 탄소중립 2030 등 다양한 국제적 협의를 개별 국가가 따르도록 하고 있다. 이에 따라 탄소중립으로의 전환이 요구되며 실제 탄소중립 달성을 선언하는 국가 수도 늘어나고 있다. 2021년 말 기준 총 55개국이 명확한 목표연도와 함께 탄소중립을 공식적으로 선언한 상태이며, 한국도 2050년을 목표로 탄소중립 실현을 노력하고 있다. 목표의 달성을 위해 탈탄소 경제로의 공정한 전환과, 탈탄소 국제경쟁력 강화, 그리고 국민의 자발적 참여 등이 중요해진다. 산업시대의 성장 모델에서부터 아직 근본적 전환을 이루어지 못한 한국은 이런 지구적 대전환으로 더 큰 피해를 감수할 수밖에 없다. 대기오염의 주된 원인인 온실가스 배출동향을 보면, 철강 등 우리산업의 주력부문들이 온실가스 배출비중이 높다. 기후변화 적응대책 수립, 그린뉴딜 정책 등 기후변화 위기에 대응하기 위한 정부의 정책적 노력이 점점 더 활발해지고 있다. 한국도 기후, 환경 등에 대응하는 지구적 대전환에 대한 보다 전면적인 정책적, 사회적 노력을 해야 한다.

환경과 기후변화는 기존의 일자리 및 생존의 방식을 바꾼다. 대표적으로 지속가능한 경제 체제에서 석유, 화학, 원자력 등 분야의 일자리는 없어지거나 줄어들 수밖에 없다. 과거에는 한 번 직업 또는 직장을 선택하면 은퇴할 때까지 그곳에서 일하며 생계를 유지하는 것이 일반적 이었으나, 앞으로 미시적으로는 개인의 자아성취를 위해, 거시적으로는 경기 변동으로 인한 구조조정이 상시화 되어, 직업 또는 직장을 바꾸는 것이 일상화될 것이다. 특히 정보통신기술(ICT)의 발달에 따른 디지털화와 기후변화 위기에 대처하기 위한 탄소중립 정책으로 인하여 산업구조적 노동 전환이 더욱 가속화될 것이다. 이러한 산업구조적 노동 전환은 마치 산업혁명기와 같은 대규모 전환이라는 점에서 많은 국민들의 삶에 심각한 영향을 미칠 것이다.

이러한 전환에 적응을 잘하는 사람들도 있을 것이나 학력이나 경력의 부족 등의 이유로 전환에서 낙오되는 경우가 발생할 것이다. 따라서 교육은 이러한 시대적 전환에서 국민들이 탈락 또는 소외되지 않도록 초중등학교부터 직업훈련에 이르기까지 적극적 역할을 하여야 할 것이다.

둘째, 기술적 대전환은 국가는 물론 개인에게도 엄청난 전환을 요구하고 있다. 디지털 기술혁명의 기존의 산업혁명과의 차이는 '모 아니면 도(All or nothing)'의 **초경쟁적 적자생존의 시대**라는 점이다. 거대한 디지털 기술혁명에 우리는 얼마나 대응할 수 있는 산업구조 및 인재를 보유하고 있는가가 향후 기술적 대전환시대 한국이 살아남을 것인지 도태될 것인지를 결정할 것이다. 이러한 기술적 대전환 과정은 혁신을 요구할 것이므로, 기존의 벽을 부수고 새로운 가치를 창출하는 창조적 파괴를 위한 제도마련과 더불어 그 과정에 사회적으로 낙오되는 부문과 사람들에 대한 지원이 필요하다.

우리나라는 정보화 혁명에는 빨리 대응했지만, ICT 강국을 넘어 AI 등 첨단 디지털기술의 강국으로 전환하기 위해서는 기업은 물론 국가 차원의 대대적 전략의 모색이 요구된다. 새로운 첨단기술 및 산업의 육성과 더불어 제조업의 디지털 전환도 매우 중요한 과제다. 경제·사회의 디지털 전환에 대한 조율을 위해 국가의 역할이 필요하며, 디지털 전환 과정에서 발생하는 여러 분야·부분의 속도·이해도·수용도 차이와 불일치에 대한 조정 등이 이루어져야한다. 특히 기술변화의 가속화가 야기할 변화가 크기 때문에 기존 산업의 쇠퇴 등에 대한 조율 등 국가의 적극적인 역할이 중요하고, 이 과정에 기업과 국민의 이해를 이끌어내기 위한 참여적 거버넌스가 필요하다.

4차산업혁명으로 상대적으로 절차적이고 반복적 업무를 수행하는 정형적 업무를 주로 담당하는 중간 수준 숙련도를 보유한 노동자들의 일자리 및 경제적 이윤 배분 기회가 박탈될 가능성이 크다. 향후 디지털 전환이 진전될수록 고용구조 및 노동시장에 있어 양극화 현상이 더욱 가속화될 수 있다. 디지털 전환은 소득불평등 추세를 악화시킬 수 있기에 기술변화에 따른 숙련도 수요 변화와 기술 변화에 대응할 수 있는 역량 축적 간 불일치(mismatch) 완화에 주목하고 지원하는 제도적 노력이 필요하다. 사회와 산업 전반의 이런 전환에 대비하여 인력 또한 디지털과 데이터경제 시대에 필요로 하는 전문인력과 맞춤형 인재양성이 필요하다.

디지털 기술 대전환은 기회이자 위기이지만, 사회 내

적으로는 그 중심 세대인 학생, 청년세대의 삶에 더 큰 영향을 미친다. 최근 세계적인 주목을 받고있는 메타버스 등 가상현실은 청소년층의 적극적 참여로 발전하고 있지만, 이로 인해 가상공간과 실제 삶의 극명한 대비 사이에서 정신적 혼란을 겪기도 한다. 또한 디지털 전환으로 개인의 사회적 상호작용은 점점 감소하면서 개인의 고립화도 증가하고 있는데, 이러한 탈사회화에서 가장 취약한 계층이 청소년학생이다. 즉 기존의 사회성과 다른 형태의 생존방식이 디지털 기술을 통해 개인에게 부과되고 있지만, 이에 대응하기 위한 개인과 가정차원의 대응수단은 미약하다. 따라서 디지털 대전환기 국가의 미래경쟁력 차원의 기회 전략과 정책만이 아니라, 그 위험성에 대비하기 위한 노력이 동시에 이루어져야한다. 특히 AI나 소셜미디어, 가상공간의 오용을 막을 제도적, 교육적 노력이 이루어져야한다.

셋째, **한반도는 여전히 세계사적 대전환의 중심**에 있다. 미·중간의 패권갈등은 한국의 외교적, 경제적 입지를 더 키울 수도 축소시킬 수도 있다. 치열한 패권경쟁이 기술과 산업을 중심으로 전개되면서 글로벌 갈등이 한국의 산업과 경제에 직접적 영향을 미치고, 이는 국민의 삶에 직접적 영향으로 다가올 수 있다. 더 이상 산업화와 정보화 시기의 호의적인 국제적 여건은 다시 우리에게 오지 않을지도 모른다. 디지털 기술혁신 경쟁이 가속화되고, 기술에 대한 안보전략적 인식이 커지고 있는 세계사적 대전환기에 국가차원의 대응전략 마련을 위해 전력을 다해야한다.

이를 위해서는 먼저 디지털 기술을 둘러싼 패권 경쟁 속에서 한국의 기술 경쟁력을 높이고 대외의존도를 줄이는 한편, 디지털 기술과 4차산업혁명 시대의 규범에 대한 선도적 대응을 위해 노력해야 한다. 나아가 미·중 패권경쟁과 새로운 디지털 냉전에 대응하기 위한 기술 및 경제안보의 강화가 필요하다.

넷째, IMF 이후 심화되어 온 한국의 **경제적 불평등**은 코로나19라는 전대미문의 **감염병 시기를 거치며 더 심화**되고 있다. 세계불평등연구소(World Inequality Lab)의 '세계불평등보고서 2022'에 의하면 한국 성인 인구의 평균 소득은 구매력평가(PPP) 기준으로 약 3,843만원(3만3000유로)으로 아시아에서 가장 부유한 나라중 하나이자 서유럽 국가와 비슷하게 성장했다. 그러나 부의 불평등은 더 심각해졌다. 2021년 기준 상위 10%가 국가 전체 소득의 약 46%를 차지하고, 하위 50%는 전체 소득의 16%에 그치고 있으며, 상위 10%가 보유한 부는 평균 약 12억2508만원(105만1300유로)로 전체 부의 58.5%를, 하위 50%는 평균 2,354만원(2만200유로)으로 5.6%를 차지했다. 다양한 원인이 있겠지만, 한국이 1960년대부터 90년대에 이르기까지 사회적 안전망을 구축하지 않은 상태에서 급격한 경제발전을 추진하면서 불평등이 심화된 것으로 분석하고 있다.

　　이러한 소득불균형을 해소하지 못한 상황에서 코로나
19 팬데믹이 시작되어 소득 및 자산의 양극화는 더 가속화
되고있다. 코로나 팬데믹 기간 동안 우리나라뿐 아니라 전
세계 국가들이 극심한 경제위기를 겪고 있다. 코로나19가
절정이던 2020년 주요국의 실질 GDP 증가율은 마이너스
를 기록했고, 실업률 또한 급격히 증가했다(그림3, 4).

　　이러한 경제적 불평등은 정치사회적 양극화를 강화하
며 개별 국가내 갈등과 분열이 심화되고 있다. 한국 사회 역
시 경제적 불평등의 심화로 인한 극심한 사회적 분열과 갈등
을 겪고 있다. 미국의 여론조사기관인 퓨리서치센터(Pew Re-
search Center)의 2021년 10월 '선진경제에서의 다양성과 분
열(Diversity and Division in Advanced Economies)' 조사에 따
르면, 한국인들은 미국에 이어 두 번째로 사회가 더 갈등적

그림3　　주요국 실질 GDP 증가율(전년 같은 분기 대비)(단위: %)

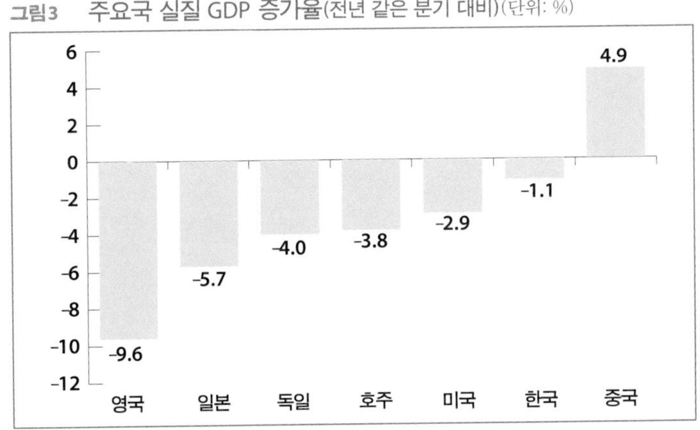

출처: OECD Data Warehouse, 2021년.

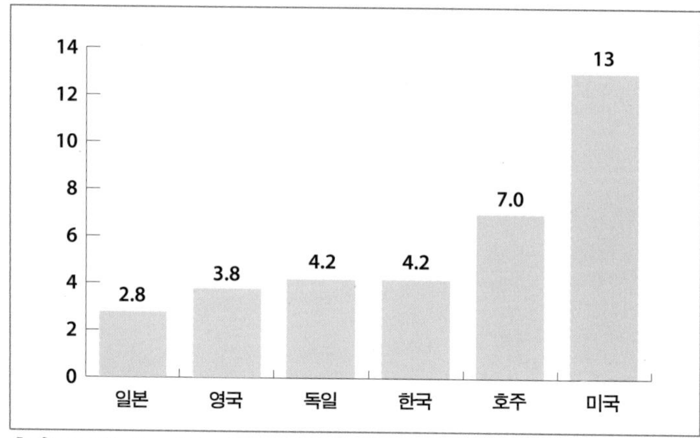

출처: OECD Data Warehouse, 2021년.

출처: Laura Silver, Janell Fetterolf, Aidan Connaughton, Diversity and Division in Advanced Economies, Few Research Center, 2021.10.13.

이라고 보고 있는 것으로 나타났다(그림5).

소득과 부의 양극화 문제를 더 이상 방치해서는 안된다. 소득 불평등을 완화하고 사회안전망을 강화하기 위한 노력이 필요하다. 특히 한국은 경제성장(GDP)에도 불구하고 저출생·고령화로 인한 생산가능인구의 감소가 향후 큰 부담이 될 수 있다. 양극화 문제를 해결하기 위한 국가적 정책이 필요하며, 이를 위해 국민적 합의를 이끌어낼 수 있는 정치의 역할이 중요하다.

II

위기의 한국교육

이제 교육정책의 목표는 교육받을 기회의 균등에서 교육격차를 줄이는 것으로, 교육의 양적 확대에서 질적 전환을 도모하는 방향으로 변화되어야한다.

지금 대한민국 교육은 대전환의 계기에 부딪히고 있다. 세계 최저의 출생률, 디지털 기술혁명, 거대한 기후·환경 위기, 극심한 불평등과 양극화 그리고 초경쟁적 사회 등의 문제는 더 이상 해결을 미룰 수 없는 현재적 과제이다. 이에 더해 코로나19는 대전환기의 새로운 위기를 극한으로 증폭시키고, 우리 교육에 더욱 큰 과제를 남기고 있다.

우리 국민은 누구든지 평등하게 교육을 받을 기회를 가진다. 우리 헌법 제31조 제1항은 "모든 국민은 능력에 따라 균등하게 교육을 받을 권리를 가진다"며 균등하게 교육받을 권리를 국민의 기본권으로 명시하고 있다. 또한 「교육기본법」 제4조(교육의 기회균등) 제1항은 "모든 국민은 성별, 종교, 신념, 인종, 사회적 신분, 경제적 지위 또는 신체적 조건 등을 이유로 교육에서 차별을 받지 아니한다"고 규정하였고, 제2항은 "국가와 지방자치단체는 학습자가 평등하게 교육을 받을 수 있도록 지역 간의 교원 수급 등 교육 여건 격차를 최소화하는 시책을 마련하여 시행하여야 한다"며 교육의 기회균등을 규정하고 있다.

이와 같은 헌법과 교육기본법에 기반한 교육정책의 결과 한국의 초·중·고등학교 진학률은 거의 100%에 이르고 있으며, 교육의 성과는 한국의 발전을 뒷받침한 동력이 되었다. 그러나 사회경제적 불평등의 심화로 인해 교육의 기회균등이라는 우리 법률의 가치는 위협받고 있고, 극심한 신자유주의적 경쟁 속에서 교육에서의 격차는 다시 사회경제적 불평등으로 이어지는 악순환적 고리에 빠져있다. 100%의 진학률의 한편으로 중고교 학업포기자인 탈학교 학생은 전국 42만명에 이르고 있으며, 2021학년도 초·중·고 학업중단 학생은 3만 2,027명에 이른다. 이제 교육정책의 목표는 교육받을 기회의 균등에서 교육격차를 줄이는 것으로, 균등한 교육기회의 이면(裏面)에 초경쟁적 학교에서 고립되고 이탈하는 아이들을 학교가 품어주고, 다시 학교로 이끌어 주며, 교육의 양적확대에서 질적 전환을 도모하는 것으로 변화되어야한다(표1).

표1 취학률 및 진학률 (단위: %)

	취학률				진학률		
	초등학교	중학교	고등학교	고등교육기관	초등학교 → 중학교	중학교 → 고등학교	고등학교 → 고등교육기관
2000	97.2	95.0	89.4	52.5	100.0	99.6	68.0
2005	98.8	94.3	91.0	66.1	100.0	99.7	82.1
2010	99.1	96.5	91.7	69.3	100.0	99.7	78.9
2015	99.1	95.3	92.5	67.5	100.0	99.7	70.8
2016	98.6	94.3	93.1	67.3	100.0	99.7	69.8
2017	97.6	94.3	93.8	67.4	100.0	99.7	68.9
2018	97.6	98.0	92.4	66.9	100.0	99.7	69.7
2019	98.7	96.7	91.3	67.8	100.0	99.7	70.4

출처: 한국교육개발원,「교육기본통계」; 통계청,「장래인구추계」

1. 인구절벽과 학령인구 감소

한국의 출생률 하락은 인구절벽 상태다. 2020년 총 출생아 수는 27만 2천 4백 명으로 전년의 30만 2천 7백 명보다 3만 3백 명이 줄어 약 10% 감소하였다. 여자 1명이 평생 낳을 것으로 예상되는 평균 출생아 수인 합계출산율은 0.84명으로 전년(0.92명)보다 0.08명 감소하여 세계 최저 수준이다. 통계청의 총인구 및 인구성장률 조사에 따르면, 총인구는 2020년 5,178만 명에서 2028년 5,194만 명을 정점으로 2040년 5,086만 명 수준으로 감소할 전망이다(**표2, 그림6**).

세계 최저의 출생률의 결과 한국의 학령아동 비율도 급격히 감소하고 있다. 학령인구(6-21세)는 2017년부터 10년간 190만명 감소할 전망이다. 통계청의 '장래인구추계'(2019)는 유소년 인구가 2017년 672만 명(13.1%), 2030년 500만 명(9.6%), 2067년 318만 명(8.1%)으로 계속해서 감소할 것

표2 출생아 수 및 합계출산율 (단위: 천 명, %, 인구 1천 명당 명, 가임 여자 1명당 명)

		2010	2015	2016	2017	2018	2019	2020p
출생아 수		470.2	438.4	406.2	357.8	326.8	302.7	272.4
전년대비	증 감	25.3	3.0	-32.2	-48.5	-30.9	-24.1	-30.3
	증 감 률	5.7	0.7	-7.3	-11.9	-8.7	-7.4	-10.0
조출생률		9.4	8.6	7.9	7.0	6.4	5.9	5.3
합계출산율		1.23	1.24	1.17	1.05	0.98	0.92	0.84
전년대비	증 감	0.08	0.03	-0.07	-0.12	-0.08	-0.06	-0.08
	증 감 률	6.7	2.8	-5.4	-10.2	-7.1	-6.0	-8.8

출처: 통계청, 「2020년 인구동향조사 출생·사망통계 잠정 결과」, 2021.2.23.

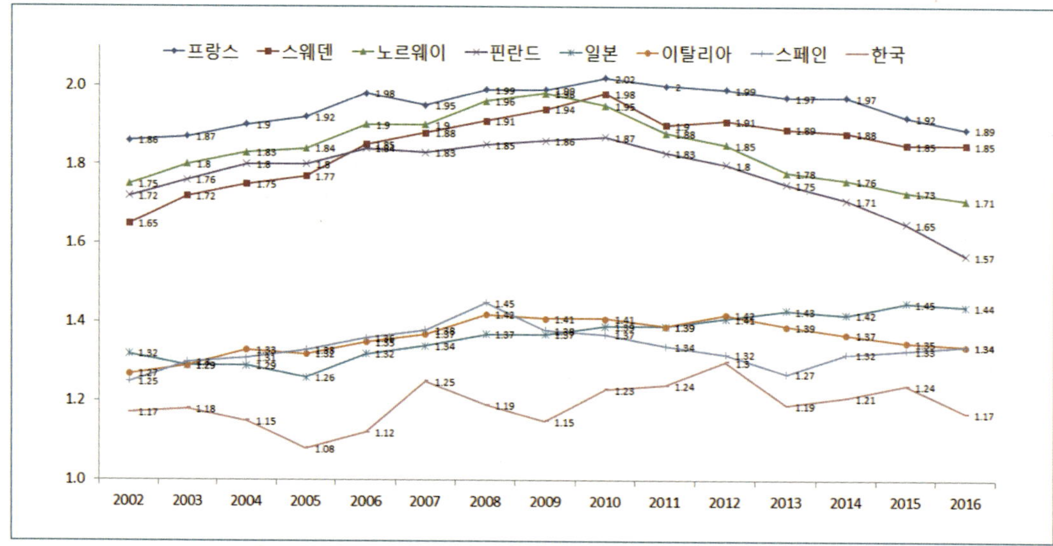

출처: OECD, Family Database, 2019.4.

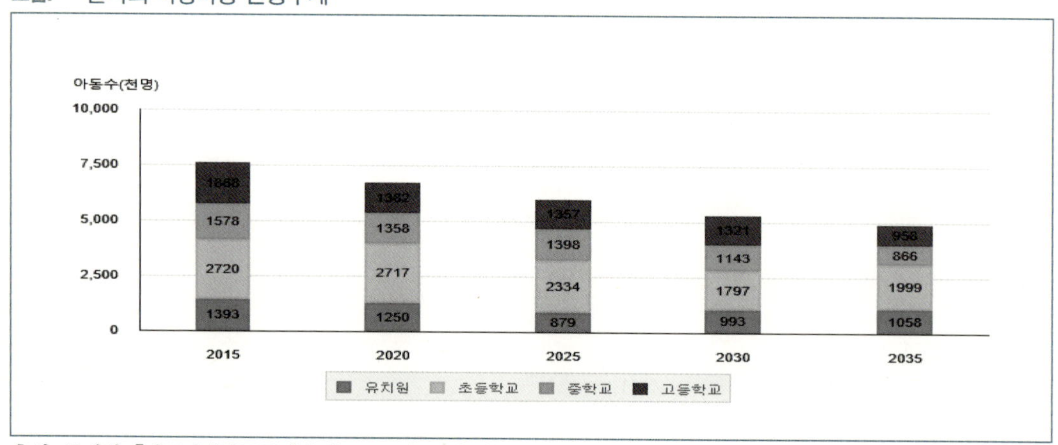

출처: 통계청, 「전국장래인구특별추계: 2017년~2067년」, 2019. 3.

이라고 전망하고 있다. 이에 따르면 2030년 한국의 학령인구는 2017년에 비해 초등학교는 66%, 중학교는 83%, 고등학교는 77%, 대학교는 69% 수준으로 크게 감소할 것으로 예측된다(그림7).

인구절벽과 학령아동 감소는 교육의 문제만은 아니며, 일찍이 경험한 선진국가들의 사례는 사회경제 개혁, 포용적 고용과 복지정책, 그리고 보다 일반적 의미에서 더욱 효율적이고 평등한 연대사회를 지향하는 새로운 사회정책이 필요함을 보여준다. 따라서 기존의 사회, 경제, 복지정책 전반에서 패러다임의 전환이 이루어져야 한다(그림8, 9).

교육에 한정하더라도 많은 과제가 있다. 대전환기를 대비하는 국가적 인재 양성 차원의 과제와 더불어 실제 교육목표, 교육과정의 운영, 학교와 교실의 규모 등에서도 다양한 차원의 노력이 전면적으로 이루어져야 할 것이다.

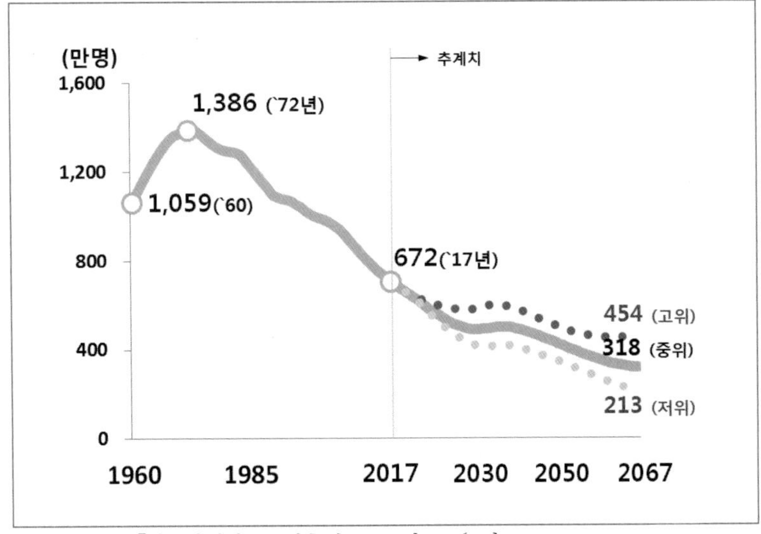

출처: 통계청, 「전국장래인구특별추계: 2017년~2067년」, 2019. 3.

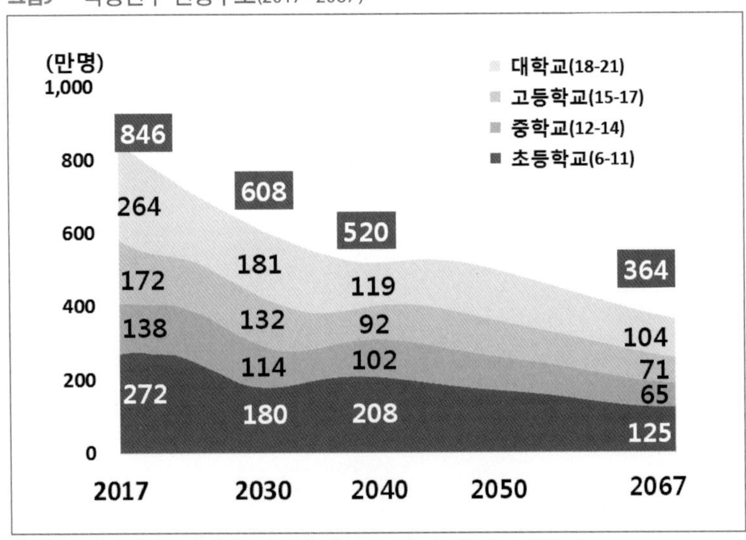

출처: 통계청, 「전국장래인구특별추계: 2017년~2067년」, 2019. 3.

2. 코로나 팬데믹

코로나19라는 전 세계가 직면하고 있는 미증유의 감염병은 우리 교육에도 큰 상흔과 과제를 남기고 있다. 전쟁 중에도 닫히지 않았던 학교 문이 코로나 감염병 앞에서는 굳게 닫혀버렸다. 다양한 비대면 교육이 시도되었지만, 아이들을 보호하고 성장시키는 학교의 역할은 온전히 가정에 전가되어버렸다. 이제 코로나가 남긴 과제를 어떻게 해결할 것인가가 현 단계 교육의 중요한 시대적 과제이다.

코로나19는 우리 사회의 불평등, 특히 교육불평등을 극명히 드러냄과 동시에 더 극대화시킬 수 있다. 학교가 문을 닫고, 대면교육 기회가 축소되고, 원격수업이 도입되는 등 준비되지 않고 급격히 다가온 교육 환경의 변화는 실제 교육격차를 크게 심화시키고 있다. 구체적으로 학생 간 학습격차 확대, 원격수업의 질과 학습효과 저하, 학생들의 게임 몰입 부작용, 사교육 의존도 심화, 그리고 이로 인한 계층간 교육불평등이 우려된다. 나아가 가정의 경제적 배경으로 인한 디지털기기의 보유, 사교육 참여, 보호자의 학습지원의 격차는 학생의 디지털 리터러시(digital literacy) 능력, 온라인교육에의 적응과 참여도, 학생의 자기주도 학습능력(학습전략 및 수행) 등에 영향을 미칠 수 있다.

2020년 국가수준 학업성취도 평가 결과도 코로나로

인한 학력 저하 현상을 뒷받침해주고 있다. 국가수준 학업성취도 평가 결과, 중·고교 학생의 국어, 수학, 영어 교과에 대한 기초학력 미달(1수준) 비율은 2019년 대비 모두 증가한 것으로 나타났다. 또한 중3 학생의 국어 기초학력 미달 비율은 2019년 4.1%에서 2020년 6.4%(2.3%p)로 늘었고, 수학은 11.8%에서 13.4%(1.6%p)로, 영어는 3.3%에서 7.1%(3.8%p)로 증가하였다. 고2 학생의 기초학력 미달 비율은 국어가 4.0%에서 6.8%(2.8%p), 수학이 9.0%에서 13.5%(4.5%p), 영어가 3.6%에서 8.6%(5.0%p)로 모두 증가하였다. 이는 교실 내 학생 10명 중 1명이 사실상 수업을 전혀 따라가지 못하고 있음을 보여주는 것으로서, 매우 심각한 학습결손이 있음을 확인해주는 지표라 할 수 있다(그림10).

기초학력 미달 학생이 늘어난 만큼 중위권 이상 학생은 감소했다. 중3 학생과 고2 학생 모두 국·영·수의 보통학력(중위권) 이상 비율이 감소했다. 중3 학생은 영어의 하락 폭

그림10   국가수준 학업성취도 평가 기초학력 미달(1수준) 비율

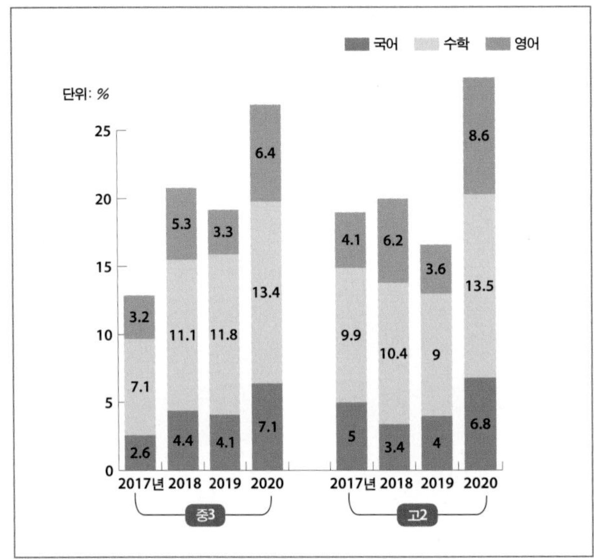

출처: 교육부, 「연도별 국가수준 학업성취도 평가 결과」, 보도자료, 각 연도

구분 연도	3수준(보통학력) 이상						1수준(기초학력 미달)					
	중3			고2			중3			고2		
	국어	수학	영어	국어	수학	영어	국어	수학	영어	국어	수학	영어
2019	82.9	61.3	72.6	77.5	65.5	78.8	4.1	11.8	3.3	4.0	9.0	3.6
2020	75.4	57.7	63.9	69.8	60.8	76.7	6.4	13.4	7.1	6.8	13.5	8.6

출처: 교육부, 「2020년 국가수준 학업성취도 평가 결과 및 학습 지원 강화를 위한 대응 전략 발표」, 『보도자료』, 2021.6.2.

표4   지역규모별 '3수준(보통학력) 이상' 비율 (단위: %)

구분 연도	중3						고2					
	국어		수학		영어		국어		수학		영어	
	대도시	읍면	대도시	읍면	대도시	읍면	대도시	읍면	대도시	읍면	대도시	읍면
2019	84.9	79.6	64.9	51.8	75.4	65.9	77.7	74.9	68.2	61.1	80.0	75.4
2020	78.8	68.5	63.5	46.3	69.9	51.1	70.2	67.6	62.9	56.8	76.7	73.7

출처: 교육부, 『2020년 국가수준 학업성취도 평가 결과』, 2021.6.2.

표5   지역규모별 '1수준(기초학력 미달)' 비율 (단위: %)

구분 연도	중3						고2					
	국어		수학		영어		국어		수학		영어	
	대도시	읍면	대도시	읍면	대도시	읍면	대도시	읍면	대도시	읍면	대도시	읍면
2019	3.8	4.9	10.3	15.2	3.4	3.6	3.9	3.1	7.6	9.3	3.6	3.0
2020	5.4	9.6	11.2	18.5	6.1	9.5	7.9	6.6	13.7	13.7	9.6	8.1

출처: 교육부, 『2020년 국가수준 학업성취도 평가 결과』, 2021.6.2.

이 가장 컸는데 전년 대비 8.7%p나 줄었고, 고2 학생은 국어의 하락 폭이 가장 컸고 7.7%p 감소한 것으로 나타났다 (표3).

또한 학업성취도 평가 결과 지역별 학력 격차도 더 벌어진 것으로 나타났다. 국어, 수학, 영어의 보통학력 이상

중3 학생 비율은 모두 대도시가 읍면 지역보다 높았으며, 국어와 수학에서 기초학력 미달 중3 학생 비율은 읍면지역이 대도시보다 높은 것으로 조사되었다(표4, 5).

교육격차 심화에 대해서는 교육 현장의 교사와 학부모들도 우려하는 것으로 나타나고 있다. 교육부가 2020년 교사와 학부모를 대상으로 설문조사를 실시한 결과에 따르면, 설문에 응답한 교사 및 학부모의 약 60% 이상이 '코로나19 이후 학생 간 학습격차가 더 커졌다'고 인식하고 있다. 즉 코로나19에 따른 영향으로 등교 정상화가 지연되고 학교수업이 충분한 준비 시간과 여건도 마련되지 않은채 원격수업으로 전환되면서, 교사와 학부모들 모두 학습격차에 대해 우려하고 있는 것으로 나타났다.

다른 한편으로 코로나 팬데믹과 사회적 거리두기의 경험은 안전한 학교 공간과 시설에 대한 근본적으로 새로운 접근의 필요성을 남겼다. 학령인구 감소와 더불어 교실 내 학생수는 전반적으로 크게 줄어드는 추세지만, 감염병으로부터 안전한 최소한의 거리가 새로운 교실의 기준이 되면서 교실 등 학교공간의 재설계 과제를 제기한다. 또한 감염병에 대비한 위생교육 및 학교 시설 등도 새로운 과제로 등장하고 있다.

3. 디지털 기술혁명

인공지능기술의 비약적 발전으로 대표되는 4차산업혁명은 우리 교육과정에도 큰 영향을 미칠것이다. 4차산업혁명은 지금까지의 산업혁명과 달리, 지성과 노동이라는 인간의 본질에 대한 도전이다. 인공지능혁명은 현재 인간의 지능영역을 잠식해 들어오고 있으며, 로보틱스와 결합해 인간의 노동을 대체하고 있다. 이미 금융, 서비스 영역에서 인공지능은 인간의 노동과 지능을 대체하기 시작했다. 이러한 인공지능기술의 산업 및 일상생활에의 응용은 전통적인 노동과 지능의 관점에 기초한 교육에 대해서도 커다란 변화를 요구한다.

이제 교과서에 정형화된 지식을 기초로 학생들의 (노동)역량을 증진하기 위해 지식을 주입식으로 전이하는 교육은 우리 교육의 일이 아닐 수도 있다. 왜냐하면 전통적으로 학교에서 진행되던 이러한 교육은 인터넷과 디지털, 인공지능 교육기술(Edutech)의 영역으로 전환될 수도 있고, 장기적으로는 이러한 교육을 기초로 이루어지는 현재의 인간활동은 인공지능과 디지털이 대체할 가능성이 크기 때문이다. 이제 학교의 역할은 디지털, 인공지능기술이 발전시킬 지능 및 지성, 그리고 노동영역을 넘어서는 새로운 차원의 '인간다움'을 재창조 하는 방향으로 새로이 설정되어야 한다.

이런 면에서 중앙정부가 조밀하게 짜여진 '국가교육과정'을 통해 교육의 세세한 영역을 표준적으로 관제하고 기능적인 교사가 교과서를 중심으로 진행하는 지식전달 교육은 재검토되어야 한다. 학교에서 아이들 한명 한명의 탁월성을 키우도록 개별 맞춤형으로 교육이 이루어져야 하고, 이를 통해 인간의 통찰력, 기획력, 추진력, 예술성, 창의성, 체능, 그리고 공감과 연대능력, 민주적 리더십 등을 체계적으로 키울 수 있도록 보다 높은 차원의 교육이 재설계되어야 한다. 인문교양, 예술, 과학, 사회과학, 민주시민교육, 노작 및 사회봉사 등이 협업하는 교육을 통해서 디지털, 인공지능혁명시대의 '인간공간'을 획기적으로 확대해나가야 한다.

나아가 디지털기술혁명은 그 발전의 원천을 일반 시민이 제공하지만, 그 결과는 소수의 거대기술플랫폼 기업들이 독점하는 심각한 경제적 불평등과 감시사회를 야기하고, 이러한 상황은 정치적으로 민주주의를 위협하는 과두제적 지배를 촉진한다. 세계적으로 GAFAM(Google, Apple, Facebook, Amazon, Microsoft)의 독점의 위험성에 대한 우려가 커지고 있다. 그리고 소셜플랫폼에서의 여론왜곡으로 가짜뉴스와 허위정보, 딥페이크(deep fake), 정보독점, 여론조작, 혐오와 차별 등이 증폭되어 민주주의의 심각한 위기가 발생하기도 한다. 이러한 점에서 인공지능과 디지털기술혁명의 시대 학교교육의 방향은, 학생들이 이러한 경제적 독점,

디지털 격차가 야기하는 사회경제적 불평등, 그리고 민주주의의 위기를 넘어서 인간중심의 민주사회를 재구성할 수 있도록 전환되어야 한다. 디지털 기술역량을 키우기 위한 교육도 중요하지만, 디지털 문해력과 시민역량을 키우고 민주적 기획 및 실천력을 키우도록 하는 교육이 대단히 중요하다. 즉 디지털기술혁명이 야기하는 사회경제적, 문명사적 변화를 이해하면서도, '홍익인간(弘益人間)'의 관점에서 민주적으로 통제하고, 디지털 시대의 민주주의를 적극적으로 발전시켜갈 인문학적 교양, 전문적 역량을 두루 갖춘 인재를 키워야 한다.

4. 경제적 불평등과 양극화

대전환시대 교육이 직면한 가장 핵심적인 과제는 1997년 이후 우리사회에 고질적으로 정착되어, 최근 코로나19 상황에서 극심하게 증폭되고 있는 경제적 불평등의 심화에 대한 대응이다. 극단적 사회경제적 양극화가 낳은 불평등의 심화는 교육에도 그 그림자를 짙게 드리우고 있다. 교육 불평등과 사회경제적 대물림은 우리시대의 가장 무거운 과제이다.

이른바 SKY 대학 학생들 중 우리나라 소득 최상위그룹인 9~10분위의 고소득층 자녀가 46%라는 조사가 있다. 이들은 모두 연봉 1억 이상, 그중에서도 최고 소득자인 10분위가 30%에 이르니, 우리 사회의 고소득층이 소위 최상 학벌의 대학 진학을 통해 부와 사회적 지위를 '대물림'하는 모습이 구체적인 통계로 확연히 드러나고 있는 것이다. 'SKY캐슬'은 드라마 속 허구가 아니라 현실이다. 물론 이는 우리나라만의 현실은 아니며, 일본 등 외국도 마찬가지이다. 일본 동경대학생의 57% 정도가 연봉 1억원 이상의 가정 출신이라니 교육 불평등이 사회경제적 대물림으로 이어지면서 역동적 미래의 꿈을 잃어버린 오늘날 일본 사회의 단면이자, 우리에게 곧 당도할 답답한 미래의 모습이다. 대다수 우리 국민들은 한국이 선진국보다 훨씬 불평등하고 계층 상승 통로가 막혀 있다고 느낀다고 한다. 전후 대한민국의 성장을 이끌어온 사회경제적 역동성을 되살리고 우리 사회의 건강성을 회복하기 위해서는 '교육의 평등'이 가장 중요하며, 이를 위한 교육개혁이 부단히 계속되어야 할 것이다.

우리 정부도 코로나19 대응을 위해 사회적 취약계층 등 교육격차 완화를 위한 지원 방안을 수립하여 추진하고 있다고 밝혔으나, 교육격차는 늘어나고 있다. 장애학생과 농어촌학생, 다문화학생 등 사회적 취약계층에 대한 체계적인 지원 대책은 아직 시작도 못한 상태이다. 주요 국가들도 코로나19로 인한 학습결손 대책마련을 위해 노력하고 있다. 코로나19의 '잃어버린 학교' 세대에 대한 전면적 학습결손 대책이 필요하다.

나아가 수업과 학교교육의 향상을 위해서도 반드시 구체적인 대응체제가 필요하다. 사회적 불평등을 고려하지 않은 상황에서 추진되는 학교교육의 개선 노력은 자칫 교육 불평등, 즉 학력 양극화를 더 심화할 수 있기 때문이다. 새롭게 진화되어가는 학교교육은 그에 합당한 문화적 자산과 경험을 요구한다. 그러나 아이들이 갖고 있는 문화적, 경험적 자산은 사회적, 경제적 불평등으로 인해 대단히 비대칭적이다. 따라서 공교육은 대전환시대에 교육의 진화가 수반할 수 있는 결과적 불평등성을 보정할 수 있도록 잘 고안되어야 하고 질 높은 맞춤형 사회 및 문화역량지원 프로그램이 뒷받침되어야 한다.

아이들은 사회적 불평등과 양극화의 상처를 안고 학교에 온다. 사회적 불평등이 그대로 노출되는 교실에서 학교의 수업이 아이들에게 제대로 전달될 리 없다. 그만큼 학교가 제대로 기능하려면, 학교 안에 이 불평등을 완충하고 보정하는 장치가 내재되어야만 하는 것이다.

5. 기후 · 환경위기

　우리 교육이 당면한 또 하나의 과제는 기후위기와 에너지전환, 그리고 환경위기에 대한 대응이다. 기후위기는 더 이상 먼 미래의 문제가 아니며 당장 오늘과 내일의 우리가 당면하고 있는 문제이다. 1990년대부터 인류의 관심사가 되어온 기후변화(Climate Change), 그러나 오늘날엔 단순한 기후변화가 아니라 '기후위기', 실제로는 '기후재앙' 수준이 되고 있다. 교육정책 차원에서 기후·환경위기는 학교 교육과정에서의 교육의 차원 뿐 아니라, 학교라는 공간에 대한 새로운 설계와 건축 차원에서 중요하게 고려되어야 한다.

　먼저, 학교 교육과정 측면에서는 한편으로는 기후·환경위기에 대한 교육의 필요와 더불어, 다른 한편으로는 기후위기에 적응하는 미래세대의 전환교육 차원에서도 추진되어야 한다. 이제 학교에서도 기후위기, 기후재앙에 대한 교육을 필수적으로 진행해야한다. 학교가 가장 친환경적인 삶의 공간이 되도록 교육생태계를 대전환하고, 아이들 한 명 한 명이 이 재앙 속에서 슬기롭게 자신을 지켜나갈 수 있도록 교육해야 한다.

　현재의 극단적인 기후위기를 잠정적이나마 중단시키려면, 전 세계는 2050년까지 탄소중립을 실천해서 1.5℃

목표를 달성해야 한다. 그러나 이러한 변화는 엄청난 에너지전환과 산업전환을 요구하고, 우리의 삶의 패턴을 근본적으로 변화시킬 것이다. 직업의 구조조정 등 엄청난 고통을 수반할 수도 있다. 아울러 변덕스런 기후위기에 슬기롭게 '적응'하는 것도 중요한 과제가 된다. 이러한 점에서 미래세대들이 녹색전환과 친환경 삶을 체화할 수 있도록 체계적인 교육이 이루어져야 한다. 그러나 우리나라는 오히려 중·고등학교에서 환경교과목 선택률이 지속적으로 감소(2007년 20.6% → 2018년 8.4%)하고 있으며, 2009년 이후 환경교육교사 신규 임용실적도 전무한 상황이다. 나아가 임용중단에 따라 환경과목을 선택한 학교의 79%에 해당하는 학교가 환경교육과 무관한 교사가 환경교육을 실시하고 있어 양질의 환경교육을 담보하기 곤란한 현실이다.

다음으로 기후위기 시대의 학교 공간의 재구축의 문제도 중요하게 고려되어야 한다. 기후위기에 대응하기 위한 새로운 도시 공간과 건축을 비롯한 생태계 전반의 재구성이 중요해지고 있는 현실에서, 학교 공간 또한 기후위기에 대응하는 방식으로 재구성되어야 할 것이다. 폭염, 폭우, 폭풍 등에 대비한 새로운 학교 건축물과 공간의 설계 그리고 배수시설 등 환경재난 대피를 위한 인프라 확충도 진행되어야 하며, 이는 학교공간의 새로운 디자인 노력 등으로 다양하게 진행되어야 한다.

6. 교육행정과 리더십: 혁신교육의 교훈

　　교육청이 정치화되고 관료화 될수록 혁신은 퇴색하고 교육은 정체한다. 관료화된 교육체계 하에서는 교육청에서 학교로 과제가 주어지면 위로부터의 과도한 업무에 시달리는 교사들은 책임지지 않기 위해 공무직으로 넘기려 하고, 일에 대한 권한도 그에 따른 책무성도 부가되지 않아 객관적 지위가 없는 공무직은 넘어온 일에 대해 반응적으로만 대응할 수밖에 없다. 그 결과 현장의 문제는 해결되지 않고, 그로 인해 학교현장에는 점점 피로도가 쌓여 교원과 공무원, 공무직 어느 누구도, 어떤 문제들에 대해서도 명확히 책임을 질 수 없는 상황이 되어버린다. 교육의 비전과 가치에 대한 공통의 합의가 없이 모두가 이런 현실에 순응해버린다면, 새로운 교육을 위한 노력은 무산되고 그 피해는 고스란히 아이들에게 돌아간다. 이런 교육현장의 모습들은 현재의 교육행정과 리더십 위기의 결과이다.

　　새로운 교육정책에 대해 교육부와 교육청 차원에서 학교 현장으로 지침을 내려보내지만 현장의 역동성을 전혀 이끌어내지 못하면서 불통의 일방적 교육정책이 되어버릴 수 있다. 설혹 교육의 비전과 내용이 의미가 있다 하더라도, 리더십이 현장과 소통하지 않으면 교육비전은 행정 절차 속에 박제되고, 교육행정 전반이 군림과 불통이 된다. 리더십이 목표설정을 명확하게 하지 못하면 교육청의 교육행정 공무원들은 교육의 본질을 고민하면서 현장과 소통하는 자세를 갖추기보다 살아남기 위해 힘을 쏟는다. 교육감의 기준만 충족시키면 된다는 태도로 현장보다 자신의 몸보신과 승진에만 집중하는 잘못된 관료 문화 속에 스스로를 방치한다. 그 과정에서 교육행정의 민주화는 더욱 먼 일이 되어버리고, 더 정치화되고 특권이 집중되어버린다.

2010년도 초반 경기교육청의 혁신교육의 의의는 바로 이러한 문제의식에 일찍 착목했다는 데 있다. 경기 혁신교육은 당시 대한민국의 교육을 선도하는 모델을 제공하였다. 우리 교육의 희망, 모델을 만든다는 측면에서도 그러하지만, 당시 경기교육에서는 국민들의 민주적 의식 성장에 부응하고 현장의 참여를 리더십과 결합하여, 모든 단위에서 혁신적 모델을 만들기 위해 최선의 노력을 다하는 열정으로 뭉쳤다는 점에 그 의의가 있다. 새로운 교육에 대한 비전과 함께 교육의 주체들이 민주적으로 비전을 공유하고 함께 소통하고 협력해서 이루고자하는 의지가 있어 '김상곤 혁신교육'은 국민적 공감을 이끌어낼 수 있었다. 그것이 혁신교육의 정점이었던 2010년도 초반 경기혁신교육의 가장 큰 장점이다. 즉 교육현장의 역동성, 민주주의가 살아있고, 사람들이 일을 할 수 있게 만드는 것이었다.

2022년 현 시점에서 지난 경기교육 8년의 결과, 교육행정의 위기가 왜 발생했는지 되돌아봐야 한다. 그리고

2010년대 초반, 교육감부터 교사에 이르기까지, 학생과 학부모까지 혼연일체가 되어 새로운 교육모델을 향한 희망에 부풀었던 '경기혁신교육'의 역동성과 위상을 다시 회복할 필요가 있다. 교육감의 교육에 대한 철학과 가치, 그로부터 설계된 교육의 틀은 언제나 현장과 소통하고, 현장이 변화하고, 현장으로부터 패턴과 제도와 모델이 발생하는 것을 지향했다. 그랬기 때문에 경기도에서부터 시작된 '혁신교육'이 전국으로 확산되고, '2015 교육과정'의 핵심정신과 기조에 반영될 수 있었다. 당시는 박근혜 보수 정권의 집권 시기임에도 불구하고, 경기도의 '혁신교육' 모델은 정권의 이데올로기적·정책적 지향과 상관없이 중요한 영향을 미쳤다. 경기도의 '혁신교육'이 교육의 본질을 건드리고, 교육의 보편성을 구현하고, 교육의 본질을 향상시키는 작업이었다는 사실이 국가교육과정 속에 그대로 반영된 것이다.

혁신교육의 발자취에는 한국교육을 선도했던 모두의 노력과 경험이 그대로 살아 있다. 단지 지나간 과거의 역사가 아니라 혁신학교를 만든 교사들과 함께 학교 현장의 교육노동자들의 마음속에 녹아 있고, 이들의 노력에 동참한 학생들과 학부모의 희망 속에 녹아 있다. 그렇기 때문에 대전환 시기 교육의 방향을 고민함에 있어 혁신교육의 초심으로 돌아갈 필요가 있다.

혁신교육의 가장 기본적 의의는 '**시대정신에 충실**'하고 자 했던 **진취적인 교육접근**이라는 것이다. 즉 혁신교육의 기본 정신은 ①시대정신: 교육을 시대적 과제 속에서 이해하고, 교육을 통해 시대정신을 구현하려는 자세 ②민주적 교육설계: 시대정신을 대표하는 핵심적 교육정책의 설계도면을 교육주체들의 참여 속에서 민주적으로 형성 ③현장중심: 핵심적 교육정책을 현장 속에서 구현하고 지속가능하고 보편적인 모델을 구축하기 위해, 학교현장에 중점을 두어 부단히 소통하고 시간과 정성을 투입하는 것이다.

이를 통해 교육 정책 설계도면은 지역 및 학교 등 현장에서 생명력 있는 혁신교육의 모델로 탄생할 수 있었다. 이와 같은 혁신교육의 초심은 지금도 여전히 유효하다. 혁신교육의 초심으로 돌아가, 혁신교육의 철학적 가치, 즉 공공성, 민주성, 창의성, 역동성, 세계성(국제성) 등의 가치를 지금의 시대적 과제에 투영해 혁신교육 이후의 새로운 대전환의 단계를 진취적으로 개척해야한다. 혁신교육의 초심에 기초하지만 과거 혁신교육으로의 회귀가 아니라, 대전환시대에 걸맞는 미래지향적인 공교육대혁명의 길을 새로이 모색해야 한다.

지금 대한민국 교육은 대전환의 계기에 부딪히고 있다. 디지털 기술혁명, 거대한 기후·환경 위기, 극심한 불평

등 문제는 더 이상 해결을 미룰 수 없는 과제다. 코로나 19
는 이러한 새로운 위기를 극대화시키고, 우리 교육에 큰 과
제를 남겼다. 지금 대한민국 교육은 그야말로 대전환을 하
지 않으면 안된다. 2010년대초 경기 혁신교육은 대한민국
교육의 새로운 비전과 모델을 제공하였지만, 대전환시대에
부응하는 새로운 대안제시를 못하고 있다. 혁신교육은 기
존 공교육의 정상화에 중요한 역할을 하고 있지만, 혁신교
육의 비전과 목표를 새로운 시대에 맞추어 정립하고, 전환
하는 데까지는 이르지 못하고 있다. 바로 이러한 차원에서
지난 시기 한국교육의 새로운 모델이 되었던 혁신교육은
적어도 경기도에서만큼은 이제 하나의 생명주기를 완성했
다고 본다. 혁신교육이 던진 비전과 과제는 여전히 미완이
지만 일순했다. 세계사적, 국내적 대전환의 시기에는 이 혁
신교육 이후의 새로운 과제들을 해결할 수 있는 전면적으
로 새로운 한 단계 상향된 접근이 필요하다.

7. 초경쟁, 능력주의와 공정 담론

대전환의 시대는 모든 분야에서 개인주의가 강화되고 양극화가 심화되며, 기후, 환경, 기술, 경제적 측면에서 지금까지와는 다른 전혀 새로운 시대의 도래를 특징으로 한다. 이러한 미래의 변화에 대해 교육은 앞서서 고민하고 답을 줘야한다.

초경쟁과 기울어진 교육

1980년대 이후 경제적 불평등이 증가하고 교육에 대한 투자 수익이 커지면서, 학업적 성취가 삶의 성공에서 갖는 중요성이 커졌다. 그 결과 사회경제적 양극화의 확대속에서 계층의 상향 이동을 가능하게 해주는 교육 기회를 놓고 경쟁이 가속화되고 있다. 전후 태어난 베이비부머 세대인 부모는 이러한 변화에 반응해 아이를 몰아붙이기 시작했고, 현대적인 현상인 이른바 헬리콥터 부모(helicopter parents)가 생겨났다. 앞으로 사람들은 초경쟁적인 세계에서 사회적 사다리를 오르는데 더 많은 시간과 노력,그리고 비용을 들여야하는 상황에 갇히게 될 것이다. 기술 진보로 확보한 시간적 여유를, 아이의 교육과 인적 자본 축적을 위하여 양육에 쏟아 부어야 하는 상황이 올 수도 있다. 기술 진보가 가져다준 과실을 서로가 서로를 밟고 올라가려는 노력에 다 낭비할지도 모른다. 따라서 사회가, 그리고 교육이 기술 진보의 이득을 구성원들 사이에 고르게 분배할 역량을 갖춰야 한다.

2018년 방영되어 장안의 화제가 되었던 드라마, 'SKY 캐슬'은 교육을 통해 그들이 성취한 특별한 지위를 유지하기 위해 필사적인 투쟁을 벌이는 명문대 출신 의사와 교수 집안의 처절함을 잘 보여주었다. 미국은 물론 우리 역시 교육의 초경쟁 속으로 아이들을 몰아넣는 상황을 집요하게 파고들며 현 우리 교육의 핵심적 문제를 짚은 작품이었다. 이른바 'SKY'를 향한 처절한 투쟁 속에서 사교육은 물론이지만, 공공성 교육의 핵심적 방법으로 주목받는 '독서 토론'조차도 맹목적인 대입 준비의 수단으로 변질되어 버리는 것이 적나라하게 묘사되고 있다. 아이들의 일류대 진입을 위해서는 부모들의 영혼마저 팔아야 하고, 성적을 위해서라면 아이들의 어떤 잘못도 용서되며, 심지어는 부모에 대한 분노마저 교육의 동기로 이용된다는 설정이 끔찍하지만, 현실은 더 잔인하다는 점에서 더 절망적이다. 교육을 둘러싼 초경쟁은 결국은 학부모들도, 아이들도, 사교육 당사자도 자기만 아는 비인간적인 '괴물'로 변하게 하는 허욕의 성(캐슬)이다.

누구보다 많은 기회를 가진 'SKY캐슬' 내의 사람들에게도 그리 힘든 경쟁인데, 그 성안으로 들어갈 수 없는, 성밖에 있는 대다수 사람들에게 현재의 교육과 입시는 어떨지 상상할 수조차 없다. 소수의 특권층들이 비인간적인 방법을 동원해서라도 미래의 희망을 독점하는 바로 그 순간에 사회의 다수는 희망마저 갖지 못한 채 배제되어 버리며, 교육도 사회도 죽어버리고 만다. 희망마저 구조적으로 양극화되어버리는 '희망양극화 사회', 그것은 가장 우려되는 우리의 미래의 모습이다.

교육을 둘러싼 초경쟁적 상황은 '능력주의(meritocracy)'신화를 더 강화시켜주고 있다. '효율성'이 중요한 가치 중 하나인 현대사회에서 능력주의는 사회적 형평성을 보장해주는 기본적 가치로 인식되어 왔다. 전세계적으로 신자유주의는 위기지만, 우리 사회에서는 신계급사회적 불평등의 고착화 상황에서 '공정'에 대한 요구가 더욱 거세어지고, 이 과정 능력주의가 신화화되고 있다. 특히 공동체적 민주주의의 전통이 약한 상황에서 신자유주의는 어느덧 우리의 삶 속에 내면화되어서, 경쟁을 전제한 능력주의를 당연한 것으로 생각하고, 그 능력주의를 검증하는 수단인 '시험'을 물신화하는 경향까지 나타난다. '시험'이라는 '공정한(?)' 수단을 통해서 각자도생, 즉 작더라도 자신만의 일정한 '특권'을 확보하겠다는 것이 요즘 공정담론의 중요한 특징이다.

시험을 통하지 않는 비정규직의 '정규직화'를 용인하지 못하겠다는 논리도 여기서 나온다. 여기에는 공동체성도, 평등이나 공공성의 가치도, 민주적 포용과 관용의 정신도 자리할 여유가 없다. 교육을 둘러싼 초경쟁사회에서 '능력주의'는 더 이상 사회적 평등과 형평성을 위해서 작동하지 않고, 오히려 계급화와 양극화를 고착시키고 정당화하는 수단이 되고 있다. 그 한가운데 교육이 있다는 점에서 현재의 교육에 대한 철저한 반성이 요구된다. 현재 우리의 교육은 능력주의라는 이름하에 다수의 학생들과 학부모들을 희망고문시키고, 또 경쟁에서 탈락시켜버린다. 이 구조적 불평등의 악순환 고리를 끊어내려면 교육에 대한 혁명적인 발상과 재설계가 있어야 한다. 인간의 존엄을 지키고, 모두가 공평한 기회를 가질 수 있고, 실패해도 노력하면 언제든지 극복할 수 있는 사회를 만들기 위해 바로 지금, 나 혼자만의 희망고문보다 모두 함께, 근본적인, 교육의 대전환에 지혜를 모아야 할 때다.

8. 공교육대혁명을 위하여

우리가 부러워하는 잘 사는 나라의 특징은 공교육 체계가 잘 정비되어 있는 나라들이다. 우리도 공교육비는 이제 선진국들 수준에 이르고 있으며, OECD국가들 중에서 학생 1인당 공교육비는 OECD 평균을 훨씬 상회한다. 한국의 교육분야 예산을 봐도 마찬가지이다. 2022년 우리나라의 교육예산은 88조 6,418억 원이며, 이중 유아 및 초중등교육이 차지하는 비중이 절대적이다. 2021년의 경우 전체 교육예산 71,207,631백만 원 중 58,637,455백만 원을 차지한다(표6).

표6 OECD 국가별 학생 1인당 공교육비 (단위: 미국달러의 구매력지수(PPP) 환산액)

구분	2015		2016		2017	
	초등교육	중등교육	초등교육	중등교육	초등교육	중등교육
한국	11,047	12,202	11,029	12,370	11,702	13,579
OECD 평균	8,631	10,010	8,470	9,968	9,090	10,547
터키	4,134	3,511	4,168	4,659	4,002	4,859
스페인	7,320	9,020	7,653	9,502	8,161	10,134
프랑스	7,395	11,747	7,603	12,100	8,319	12,748
호주	9,546	12,303	10,013	11,651	10,238	12,640
이탈리아	8,426	9,079	7,991	9,193	9,160	10,574
네덜란드	8,478	12,850	8,609	13,006	9,301	13,889
독일	8,619	11,791	8,960	12,268	9,572	13,283
핀란드	9,305	10,482	9,447	10,427	9,633	10,454
일본	9,105	11,147	8,978	11,219	8,824	11,024
캐나다	9,249	12,900	9,207	13,856	10,238	13,891
스웨덴	10,853	11,402	11,338	11,892	12,189	12,634
미국	11,727	13,084	12,184	13,845	12,592	14,411
영국	11,630	10,569	11,188	10,963	11,604	11,592
덴마크	-	-	-	-	13,278	11,164
노르웨이	13,275	15,401	12,619	14,860	13,906	15,735

출처: e-나라지표, 「학생 1인당 공교육비」; OECD, 「OECD Education at a Glance」 각 연도.

세계적 수준의 1인당 공교육비와 막대한 교육예산이 현재 한국 공교육이 충분히 그 역할을 다하고 있음을 증명해주지는 않는다. 일부에서는 학령인구 감소를 이유로 교육예산의 삭감을 주장하기도 한다. 학령인구 감소에 대한 근본적인 대책은 아이들 한명 한명을 더 잘 교육하고 잘 키워주는 것이지, 예산의 축소는 아니다.

세계적 수준의 공교육비에도 불구하고 우리나라는 세계 최고수준의 사교육비 지출 국가이다. 코로나19가 본격적으로 시작되었던 2020년의 1인당 월평균 사교육비는 초등학교는 29만원에서 22만원으로, 중학교는 34만원에서 32.8만원으로 감소하였으나, 고등학교는 오히려 36.7만원에서 38.8만원으로 증가한 것으로 나타났다. 코로나 이전 기준으로 2019년 초·중·고학생들의 사교육 참여율은 74.8%로 대부분의 학생들이 사교육을 받고 있는 것으로 나타나고 있다. 이는 감염병 국면에서 학교수업 부족을 사교육으로 보완하고자하는 경향으로 볼 수 있다(표7, 그림11, 12).

표7   우리나라 초 · 중 · 고 학생의 사교육 현황(2019~2020)

	사교육비 총액(억원)		학생 1인당 연평균 사교육비(만원)	학생 1인당 월평균 사교육비(만원)		사교육 참여율(%)	
	2019	2020	2019	2019	2020	2019	2020
전체	209,970	92,849	385.1	32.1	28.9	74.8	66.5
초등학교	95,597	35,777	348.0	29.0	22.1	83.5	69.2
중학교	52,554	25,917	406.0	33.8	32.8	71.4	66.7
고등학교	61,819	31,155	438.1	36.5	38.8	61.0	60.7
-일반고	59,384	29,770	510.5	42.5	44.8	67.9	67.6

출처: 통계청 초·중·고사교육비조사결과, 2019-2020

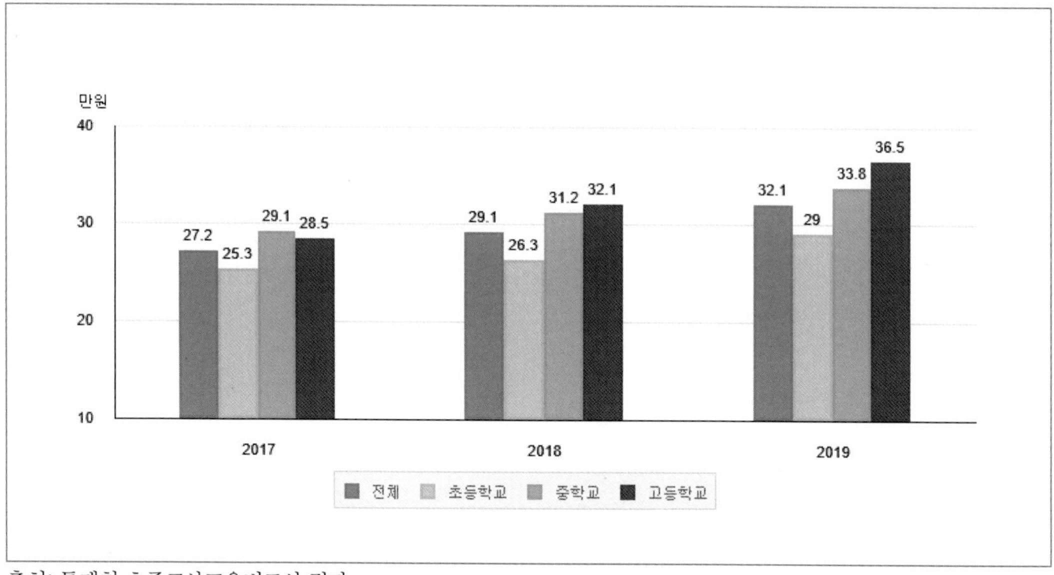

출처: 통계청 초중고사교육비조사 결과

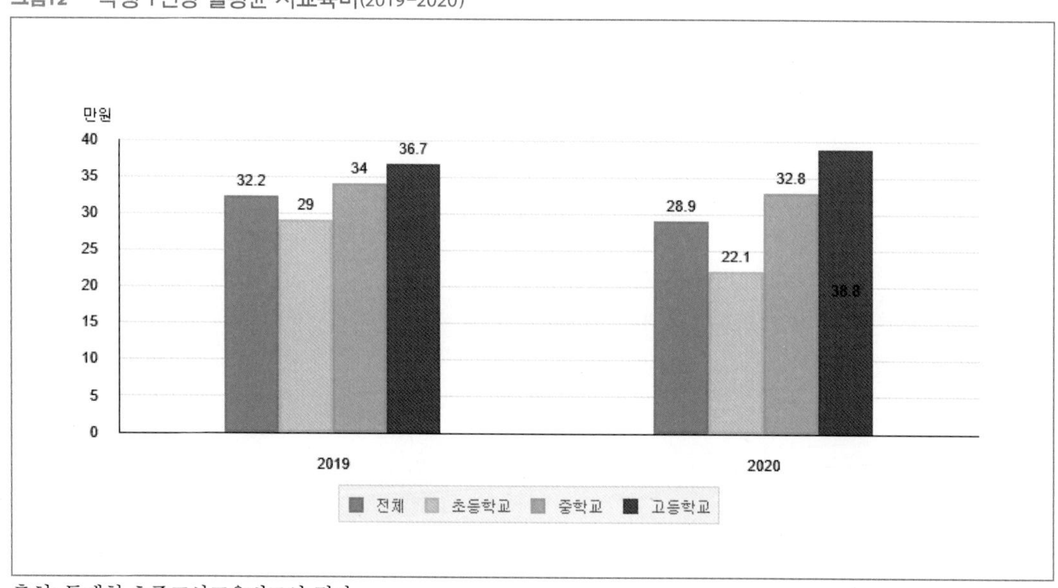

출처: 통계청 초중고사교육비조사 결과

전체 사교육비 지출총액의 규모만이 문제가 아니라 사교육비 지출에 있어 지역별, 계층별 차이가 나고 있는 점은 많은 것을 시사한다. 교육부의 2019 사교육비 조사결과 발표에 따르면, 초등학생과 중학생 모두 일반고에 비교하여 자사고와 특목고 진학을 원할수록 사교육에 더 많은 금액을 지출하는 것으로 나타났다.

사교육비 지출과 관련하여 시도 간에 격차가 커지고 있다. 1인당 사교육비 지출이 가장 많은 서울(45만 1천원)과 가장 적은 전남(18만 1천원)의 차이는 대략 2.5배로 나타나며, 계층 간에도 고소득층일수록 사교육비에 대한 지출과 참여가 많았다. 즉, 월평균 소득 800만원 이상 가구의 1인당 월평균 사교육비와 사교육 참여율은 53만 9천원, 85.1%이고, 200만원 미만 가구는 10만 4천원, 47.0%로 큰 차이를 보이고 있다.

공교육비와 사교육비 관련 지표가 보여주는 것은 우리나라는 세계 최고 수준의 공교육비에도 불구하고 공교육 예산의 3분의 1에 해당하는 금액을 국민들이 직접 사교육에 지출하고 있다는 것이다. 대부분의 OECD국가는 학생들이 사교육에 참여하는 비율이 극히 낮으며, 주로 학업성적이 뒤쳐진 학생들을 보완하는 차원에서 이루어지고 있는 것에 비해, 우리는 공부를 잘하는 학생일수록 더 사교육을 많이 받는다는 점에서 차이가 있다.

이러한 사교육 의존현상은 한국사회에서 대학진학 등 교육이 주는 사회경제적 효과가 매우 크다는 것을 의미한다. 고수익 일자리와 나머지 일자리 사이의 급여격차가 점점 더 커지고 원하는 일자리의 수는 줄어들고 있기에, 사람들은 이 기회를 놓치면 불안정한 고용과 낮은 임금수준에 시달릴 수밖에 없다. 그러한 불평등한 고용 및 노동시장구조 때문에 너도나도 불확실한 사교육에의 투자에 뛰어들지만 결과는 여전히 불확실하고 불평등하다. 이는 사교육비 지출에 있어서도 지역간, 계층간 격차가 나타나고 있다는 데서 잘 드러난다.

한국은 2021년 유엔무역개발회의(UNCTAD)가 공식 인정한 선진국이다. 1964년 유엔무역개발회의 설립 후 개발도상국이 선진국 그룹으로 올라선 것은 처음이다. 한국은 GDP 순위 세계 10위, 수출 7위, 군사력 6위에 국민소득도 3만달러를 넘으면서 명실상부 선진국 반열에 올랐다. 이 모든 성과의 뒤에는 교육열과 우수한 인재가 있다는 것은 모두가 인정하는 점이다.

그러나 대전환기를 앞두고 한국은 세계 최저의 출생률, 사회경제적 불평등 심화, 극단적 양극화와 사회갈등을 경험하고 있다. 세계 최고수준의 사교육비는 국민들의 경제적 어려움을 더 가중시키고 있다. 사교육으로 인한 학부모의 경제적 부담은 물론 세계 최장의 학습시간은 학생들의 정신적, 육체적 고통을 심화시키고 있다. 이러한 사교육의 문제에 대응하기 위해 정부도 사교육비 경감과 공교육 정상화를 위한 고교체제 개편, 내신과 수능의 절대평가, 고교학점제 등을 추진하고 있다. 그러나 국내외적 위기에 대응하기 위해서는 정치적 민주주의를 유지·발전시키고, 사회경제적 불평등을 완화시키기 위한 대대적인 정책과 사회적 합의와 공교육의 대전환이 필요하다.

Ⅲ

새로운 학교

대전환기의 공교육학교는 공부를 하지 않는 학교가 아니다. 생각을 키우는 품격 높은 공부를 잘하게 도와주는 학교다.

1. 맞춤교육학교

신분사회였던 과거에는 지배, 피지배계급이 명확히 구분되어 있고, 피지배 계급은 교육에도 제한이 있었다. 교육은 지배계급의 도구였다. 자본주의사회에 이르러서도 엘리트교육과 대중교육은 그 교육내용과 형식면에서 현저한 차이를 보인다. 엘리트교육이 사회 다양한 분야의 리더십을 키우기 위한 것이라면, 대중교육은 대체로 그 시대에 필요한 '노동력'과 보통의 대중이 갖추어야 할 기본적 역량에 초점이 맞추어져 있다. 그러나 대전환시대 공교육은 '시민'을 형성하는 교육이어야 한다. 오늘날 민주주의사회에서 시민은 한 사회의 질서와 공공선을 만드는 '통치자(엘리트)'이자 그 질서를 지키고 수호하는 '피치자(대중)'다. 이러한 점에서 공교육대혁명이 추구하는 교육은 엘리트교육과 대중교육이 융합하는 것이며, 대중으로 하여금 엘리트교육의 핵심인 '생각하는 힘', 즉 지성을 기르고 각자의 탁월성을 계발하도록 하는 것이다.

공부를 잘한다는 것, 공부란 무엇인가

대전환기의 공교육학교는 공부를 하지 않는 학교가 아니다. 공부를 잘하게 도와주는 학교다. 그러면 공부를 잘한다는 것은 무엇이며, 학교란 도대체 무엇일까? 초경쟁사회에서는 문제풀이 개수로 순위를 매기고 상위권 아이들에게는 '공부 잘 한다'는 이유로 모든 것을 용서해주는 비열한 공간이 바로 학교일 수 있다. 모든 학교가 다 그러지는 않지만, 상당수 학교에서는 아직도 그러한 관행이 버젓이 자리잡고 있는 것이 현실이다. 이런 학교에서 '공부'는 '문제 푸는 것', '성적'은 곧 '문제를 잘 푼 결과'다. '공부 잘 하는 학생'은 '문제를 잘 푸는 기술자'인 셈이다. 이러한 이상한 '공부' 개념이 자리잡고 있는 학교에서는 어떤 수를 쓰더라도 문제만 잘 풀면 된다. 학원을 갈 수도 족집게 강사를 만날 수도 있을 것이다. 하다 안되면 문제유출 등 부정적 방법까지 동원하기도 한다. 문제를 푼 결과로 서열이 나뉘어지는 초경쟁사회에서 승리하기 위해, 해서는 안되는 최악의 불법적 행동마저 범하는 일이 생긴다.

이러한 상태에서 '공부를 잘하는' 상위 서열 학생들은 자신을 '승자'라고 생각하고, 서열이 낮은 친구들을 '패자'로 싸늘하게 무시한다. 오로지 수고해준 부모에게만 감사해하고 그 어리석은 경쟁을 꾹 참고 잘 버텨준 자신만을 다독이면서 말이다. 다른 학생을 짓밟더라도 나만 내신 잘 받아서 좋은 대학 가면 된다, 아니 다른 학생을 밀어내어야 내가 더 위로 올라갈 수 있다. 이러한 비정한 문제풀이 서열의 세계에서 패자에 대한 연민이나, 불평등과 차별에 대한 저항감, 서로 다른 사람들이 연대해야 한다는 생각 등등은 아예 자리를 잡을 수 없다.

사회가 바뀌고, 학교가 바뀌어야 한다. 그러나 학교의

중요한 본질 중 하나는 여전히 공부다. 아이들은 학교를 통해서 사회를 살아가는 통찰과 지혜, 그리고 지식을 터득한다. 이제 학교의 가장 중요한 활동인 공부의 개념을 확 바꿀 때다. 문제풀이가 아니라 세계와 자신, 그리고 사회를 직시하고 끊임없이 '진리'와 씨름할 수 있는 공부, 비판적 사고를 통해 통찰력과 기획력을 키우고, 독립적 민주시민으로서 기본자질을 튼실히 하는 공부, 토론과 협력의 기초 위에서 자신의 생각을 키우고 탐구하는 공부, 나홀로 똑똑이가 되어서 다른 사람을 짓밟는 공부가 아니라 함께 연대해서 깨닫고 배우는 진정한 공부, 그래서 반칙이 개입될 수 없고 민주주의의 정신에 충실한 공부, 그런 공부가 필요하다. 그런 공부만이 공멸이 아닌 공존의 세계를 만들어갈 수 있다.

최근 출생률 하락과 더불어 학령인구도 급격히 감소하고 있다. 사람들의 종합적 역량에서 국가의 미래 가능성을 찾을 수밖에 없는 우리에게 아이들 한사람 한사람이 더욱 더 소중하다. 이제는 아이들을 고통 속으로 몰아넣고, 부모들을 망가뜨리고, 사회를 병들게 하는 어리석은 문제풀이 '공부'가 아니라 지혜와 정의, 용기와 연대의 힘을 갖는 이 시대의 진정한 주인, 진취적 시민으로 키우는 품격 있는 공부를 중심으로 국가교육과정과 공교육을 상향시켜야할 때다.

수능은 대전환기 교육의 기준이 될 수 있는가

2018년 국가교육회의는 우려대로 수능 정시를 확대하고 상대평가를 유지하는 것으로 결론을 내렸다. 여전히 공론화위원회의 권고와 이를 수용한 국가교육회의의 결정에 의문이다. 해외의 민주주의 국가들에서는 하물며 단순다수제에 기반한 투표 방식 마저 반대의 의사가 충분히 반영되지 않는다는 한계로 인해 선호투표제를 다양하게 도입하고 있다. 그런데 국가의 백년대계를 미세한 여론분포의 차이로 단번에 결정해도 될지 하는 것이다. 교육부가 이를 수용하였기에, 수능에 근거한 정시확대 방향이 결정 난 것으로 볼 수 있다. 그런데 수능에 근거한 정시 확대의 방향 그 자체부터 문제다. 그렇지 않아도 일반 고등학교에서 교육혁신을 미루어온 큰 이유가 수능이었는데, 국가교육회의의 결정으로 고등학교 교육혁신의 가능성이 아예 사라져버리는 것은 아닐지 걱정이다.

정시확대 비율을 놓고 국가교육회의에서 '현행보다' 확대할 것인지, '30% 이상' 확대할 것인지를 놓고 격론이 발생했지만, 현행 20%대를 40%대까지 끌어올리는 것으로 결론이 났다. 40%의 정시확대비율이 이루어진다면, 고등학교뿐만 아니라 초중등 교육 전반이 수능형, 혹은 문제풀이 교육으로 회귀해버릴 것으로 예상된다. 이미 알고 있듯이 교육은 초등부터 고등, 대학에 이르기까지의 하나의 체계적 구조 속에 있기 때문이다.

또한 수능은 과연 공정한가에 대하여 질문해야한다. 매년 수능이후 문제들이 공개되면 국내외에서 '화제'가 된다. 각 분야 전문가들도 풀기 어렵고, 이해하기조차 어렵다는 지적들이 여기저기서 나오고 있다. 영어지문을 미국의 영문학교수에게 풀어보게 하는 영상클립도 있을 정도이다. 정부정책 또한 수능과 정시를 강화하는 방향이 결정되어 있는 상황이지만, 수능은 과연 공정한지 고민해보지 않을 수 없다.

장황하고 긴 지문과 제한된 시간에 지나치게 많은 문제들, 게다가 지문 자체가 난해한 것들 투성이다. 이 문제들을 풀면서 과연 학생들은 충분히 생각할 시간이 있을까? 이 문제들을 잘 푸는 학생들은 진짜 우수한 학생일까? 이러한 문제들은 수능에 최적화된 문제풀이 기술을 몸에 익히지 않으면 실패하기 십상인 것들이다. 이 기술은 오늘날 공교육 학교에서조차 쉽게 제공해줄 수 없으며, '족집게 과외'를 연상시키는 사교육 학원의 전문 트레이닝을 요구하는 것들이 많다. 결국 수능에 성공하려면, 수능형 논리를 훈련해야 하고 이것은 강남으로 대표되는 사교육에 의존하게 한다. 수능이 결국 사교육 시장의 확대를 낳고, '공정한' 시험이라는 환상 뒤에서 엄청난 사교육 비용을 감당할 수 있는 부모를 둔 학생들에게만 유리한지를 이 난해하고 긴 시험문제들이 잘 보여주고 있다.

무엇보다 본질적으로 '수능형 문제풀이 기술'을 통해서는 앞으로 우리사회는 물론 세계를 주도해갈 비판적 사고의 민주시민, 세계적 수준의 창의적 인재를 키워낼 수 없다. 창의적 인재, 비판적 민주시민이 가져야 할 가장 중요한 힘은 스스로 생각하는 힘이요, 그 중에서 핵심은 자신만의 생각을 키우는 비판적 사고(critical thinking)다. 그런 점에서 문제풀이 교육만이 강조되는 현재 수능형 정시의 확대는 올바른 방향이 아니다.

물론 최근 사건에서도 드러나고 있듯이 수시—학생부 종합, 내신—의 공정한 관리의 문제가 크게 남아 있다. 아직 우리의 고등학교 전체가 생각을 키우는 다양한 교육으로 나아가지 못하고 있고, 그 위에서 성적 줄세우기 관행이 지속되면서, 학교 현장에서마저 공공적이고 공정한 시민적 기준이 올바로 작동하지 못하고 있다. 그래서 있어서는 안될 부정이 발생하기도 한다. 그러나 수능을 중심으로 아이들을 문제풀이 기술자로 만드는 입시는 고등학교 교육을 문제풀이 기술교육으로 전락시키고, 이것은 다시 초중학교의 문제풀이 '선행학습'으로 이어진다. 그러는 사이에 학교와 아이들의 가능성을 키워내는 생각의 교육은 사라지고, 바르고 똑똑한 시민을 키우는 비판적 사고와 지성교육은 질식해버리게 된다. 생각하는 힘을 가진 창의적 인재, 비판적 사고를 가진 민주적 시민이라는 시대정신을 반영한 우리시대 교육의 목표를 다시 재확인하고, 그에 부합되는 질 높고 다양한 교육과정을 제공해야 한다. 물론 그와 더불어 학생들의 역량을 입체적이고 공정하게 측정, 제시할 수 있는 가장 공정하면서도 공공적인 학교문화와 제도를 만드는 것도 중요하다.

철학자 딜타이의 말대로 교육은 공동체의 철학과 가치를 반영해야 하는 것이다. 수능에 대해서도 다가올 미래 더 민주적인 대한민국이 세워야 할 시대정신(ethos)을 어떻게 하면 더 잘 반영할 수 있을지를 고민해야 한다.

2. 안전학교

감염병 시대의 학교

감염병 시대는 학교 공간의 재설계와 안전한 운영이라는 새로운 과제를 우리에게 던지고 있다. 이제 새로운 학교는 학생 한명한명의 공간과 시간이 충분히 확보되는 안전한 학교, 최고의 교육기관이 되어야한다. 교육격차 해소, 학교 방역, 안전한 거리 두기가 가능한 대면 수업을 위한 교육 여건 개선, 학생의 관심과 진로에 따른 맞춤형 교육 실현 등을 위해 학급당 학생 수를 감축할 필요가 있다. 출산율 저하 등 인구구조 변화로 인해 인구가 과소한 지역은 이미 학급당 20명 이하로 맞추어져 있다. 그러나 대도시의 인구과밀 지역은 여전히 많은 과밀학급들이 있다.

교육부는 이에 대해 한 학급당 28명 기준을 가지고 있지만, 이는 지극히 경제적 기준이다. 즉 기획재정부가 허용해주는 교육예산 범위 안에서 과밀을 해소할 수 있는 최소 인원기준으로서의 28명이며, 안전기준은 아니다.

안전한 학교에 대한 문제 제기는 이미 교직원 단체들에 의해서도 제시된 바 있다. 전교조가 제시하는 학급당 기준은 20명이며, 그 근거는 아이들에게 적어도 1평의 공간을 부여해 주어야한다는 것이다. 현재 한국의 평균 교실크기가 20평 정도임을 고려하면 20명의 기준이 나온다. 그러나 문제는 20명이 안전한 기준이 될 수 있는가이다. 코로나 감염병을 통해 물리적 공간의 크기만이 아니라 그 안에 있는 사람들의 움직임이 안전에 있어 얼마나 중요한지 확인하였다. 아이들은 교실의 1평 공간에 고정되어 있지 않고 역동적으로 움직이는 존재다. 아이들의 움직임을 고려한다면 학급당 학생 수는 20명이 아니라 그 이하로 획기적으로 낮추어야한다.

학령인구 감소를 이와 연관해서 다시 생각해 볼 수 있다. 학령인구 감소 상황을 안전을 고려함과 동시에 교육의 질을 획기적으로 높일 수 있는 계기로 삼을 수 있다. 교육시민단체 민주주의학교에서는 안전한 학교를 가능하게 하는 학급당 인원수를 15명 전후로 낮추자는 제안을 계속해 왔다. 15명의 근거는 학생들의 안전거리 확보와 더불어 학생들이 교사의 시야에 다 들어오는 교실환경이다. 즉 교사와 상호작용이 더 직접적이고 교사의 관심이 모든 학생에게 다다를 수 있는 환경을 가능하게 한다. 궁극적으로 학령인구감소와 코로나 감염병이 야기한 위기를 안전한 학교, 교육의 질을 획기적으로 높이는 방향으로 전환할 수 있다. 새로운 학교의 설계를 지금부터 시작해야 한다.

이와 관련 소규모 학교와 소규모 교실이 논의되고 있다. 그러나 미국과 일본, 캐나다, 프랑스, 핀란드 등의 사례가 주는 함의는 소규모 학교와 소규모 학급을 통폐합하는 방향으로 정책을 추진할 경우에 학생의 학업성취도 하락과 통학 부담 증가 등이 우려된다는 것이다. 이를 방지하기 위해 효율적이고 효과적인 학교 및 학급 규모 운용에 대한 문제가 제기될 것으로 예상된다. 따라서 ① 학교와 학급을 적정 규모로 배치 운영하고 ② 교원을 추가로 배치하며 ③ 학생 개개인에 대한 개별지도와 체험활동을 활성화 시키는 등 교육효과를 키우기 위한 노력들이 소규모학교와 교실 논의에는 반드시 수반되어야 한다.

코로나 감염병과 '안전한 학교'

　오미크론이 여전히 맹위를 떨치고 있지만, 세계적으로 방역의 기조는 코로나와의 공존으로 바뀌어 가고 있는 경향이다. 우리도 2021년 가을부터 학생들의 등교가 시작되었다. 그러나 네 자릿수 확진이 계속되고 청소년 확진자도 늘어나고 있으며, 코로나19의 종식은 여전히 쉽지않을 전망이다. 이런 심각한 상황에서도 지금까지 교육부는 학생들의 감염이 학교 내에서보다 주로 가정이나 지역사회에서 이루어져 왔기에, 학교가 상대적으로 안전한 공간이라는 판단을 해왔다.

　코로나로 인한 학생들의 교육 결손과 피해, 교육과 보육을 온전히 떠맡아야하는 가정의 어려움을 생각하면, '전면등교'를 통해 한시라도 빨리 학교를 아이들에게 되돌려주어야 한다. 그러나 교육부, 지역 교육당국의 판단처럼 지금의 감염확산 상황에서 학교가 여전히 안전한 공간일 수 있을까? 학교가 과밀학급 문제를 충분히 해소해 전파를 효과적으로 차단하지 못하다면, 전국적 오미크론 확산 속에서 오히려 학교가 대규모 감염확산의 공간이 될 수도 있다.

　이러한 상황에서 정부 방역대책과 조응하면서 '전면등교' 방침 이외에도 선택할 수 있는 플랜B를 마련해야 한다. 플랜B는 교육부와 지역 교육당국이 획일적으로 학사운영을 의무화하지 않고, 전면등교, 온–오프라인 병행의 부분등교, 온라인 원격수업을 혼합한 대단히 유연한 체제여야 할 것이다.

　첫째, 과밀문제가 존재하지 않는 학교들, 즉 학급당 학생수 20명 이하로 충분한 거리두기가 가능한 학교들(2020년 기준, 초·중·고 48,062 학급으로 전체의 22%)은 정부의 거리두기 4단계 상황에서도 철저한 방역원칙을 전제로 전면등교를 추진할 필요가 있다. 이 학교들에서는 특히 수업과 급식 시간에 감염을 차단할 방안을 최우선으로 추진하여 학생들의 교육회복 프로그램 또한 학교에서 적극적으로 진행해야 할 것이다.

둘째, 과밀문제가 존재하는 학교는 가정에서 학생들의 돌봄이 가능한 학부모들에게 원격수업을 기반으로 하는 등교선택권을 부여할 필요가 있다. 교육부와 교육당국은 학생 관리의 통일성과 수업의 기술적 측면을 이유로 등교선택권을 인정하지 않고 대신 '가정학습 일수'를 확대 운영하도록 하고 있다. 그러나 이 '가정학습'은 학교 정규수업에 참여하는 것이 아니다. 기술적 어려움이 있더라도 학부모와 학생들의 수업방식 선택권 보장은 최대한 긍정적으로 검토되어야 한다. 중요한 것은 '등교선택권'은 정규수업을 지속함과 동시에 학급과밀 정도를 낮추어 감염위험 또한 낮출 수 있는 현실적인 방안 중 하나라는 점이다.

셋째, 학급당 학생수 20명 이하로 과밀조건을 충분히 해소할 수 없는 수도권 학교들은 코로나19의 상황이 개선되지 않는다면 온라인 원격학습 기반으로 갈 수밖에 없다. 온라인 원격학습 기조를 유지하면서 동시에 학습격차, 정서 및 사회성 장애, 교육복지 결손 등 부작용을 최소화할 방안을 마련해야 한다.

넷째, 온라인 원격학습 기간 동안 학교 교실 또는 외부 공공시설에 '원격학습교실'을 지정, 운영할 필요가 있다. 맞벌이 가정 등 원격학습 돌봄이 어려운 학생들이 여기에 모일 수 있도록 하여 충분한 거리두기와 방역원칙을 전제로 체계적인 학습을 할 수 있도록 보장해야 한다. 그리고 방과후에 학생들이 학교 교실 또는 외부 '원격학습교실'에서 학습격차 해소를 지원할 교사 혹은 튜터와 공부할 수 있고, 정서 및 사회성 회복을 위해 상담사와 사회복지사를 만날 수 있도록 해야 한다. 나아가 학교 돌봄교실에서 원스톱으로 돌봄을 받도록 한다.

오미크론의 대유행을 넘어서면 코로나19의 기세도 잠잠해질것이라는 전망이

늘어나고 있다. 그러나 지난 2년 코로나팬데믹의 경험은 낙관적 전망을 어렵게한다. 따라서 언제든지 재발할 수 있는 위기상황에서 교육부와 지역 교육당국은 학생의 안전을 최우선으로 하여 아이들에게 학습 및 정서·사회적 결손을 회복하고 바른 성장의 기회를 제공해야 한다. 이를 위해 학교공동체 생활의 일부를 학생들에게 돌려주어야 한다. 코로나 감염병을 계기로 보다 안전한 학교, 그리고 혁신적이고 미래지향적인 코로나 이후의 교육에 대한 구체적인 비전을 분명히 해야한다.

안전한 학교는 감염병 위험으로부터 뿐만이 아니라 사회와 가정의 폭력으로부터의 안전함도 갖추어야한다. 최근 우리 사회에서 연달아 발생한 비극적 아동학대 사건이나 학교폭력으로 인한 학생들의 자살사건 등은 학교가 이런 폭력으로부터도 안전한 공간이 되어야함을 보여준다.

아이들을 같이 돌볼 가족이 없거나 경제적으로 어려운 가정일 경우 불가피한 어린이 방치가 비일비재하게 발생하고, 또 부모는 부모대로 아이들을 챙기기 위해 생업에 전념하지 못하고 학교로 가정으로 바쁘게 움직여야 하는 것이 현실이다. 그럼에도 어른이 미처 챙기지 못하고 방치된 아이들이 많이 존재한다는 것이 문제이다. 미국에서는 어린이 방치를 아동학대(Child abuse) 범죄로 철저히 엄벌하고 있다. 어린이를 방치하는 것 자체가 위험에 내모는 행위라고 판단한다. 의도적인 아동학대나 방치는 반드시 엄벌해서 이것이 반복되지 않도록 해야 한다. 그러나 생업 등 불가피한 사회적 이유로 어쩔 수 없이 발생하는 어린이 방치는 어떻게 해야 할까?

이 문제에 학교와 사회가 책임 있게 답해야 한다. 학교가 돌봄의 중심이 되고 지역과 협업해 공공적이고 질 높은 돌봄 시스템을 획기적으로 확대해 제공해야 한다. 학교 돌봄과 지역아동센터의 공공성과 질을 높일 수 있는 지원체계가 필요하다. 안전하고 만족할 수 있는 조밀한 돌봄의 망을 형성하는 것만이 어린이 방치와 학대를 피할 수 있는 올바른 해법이다. 이제 아이를 학교와 사회, 국가가 가장 귀하게 키워준다는 안심과 믿음을 젊은 부모, 일하는 부모들이 가질 수 있게 해야 한다. 이것이 아이를 마음 놓고 낳을 수 있도록 하는 가장 큰 출발점이다.

학교 내 따돌림과 사이버 폭력 및 직접적 폭력에 대해서도 학교가 단호하게 대응해야한다. 학교폭력이 심각한 사회문제가 되면서 우리나라는 「학교폭력예방 및 대책에 관한 법률」을 정비하고 학교폭력에 대해 학교폭력대책심의위원회를 두어 해결하도록 하고 있다. 학교가 폭력으로 부터 안전하기 위해서는 학교 폭력에 대한 단호한 대응이 필요하다. 그러나 처벌만능주의보다는 교육적 해결 중심의 정책지향이라는 큰 틀의 문제의식은 여전히 필요하다. 이는 학교등교 금지나 처벌 등의 징계만으로 가해학생의 행동을 변화시키기 어렵다는 인식에 기인한다. 따라서 학교폭력에 대한 정책은 학생들의 다양성 이해 및 포용 능력 증진에 초점을 두고 진행하여야한다.

가정 내 어린이 체벌금지와 민주적 가정교육

아직 커다란 관심을 끌고 있지는 못하지만, 2021년 1월8일 가정교육과 관련해 실로 대단히 중요한 법적 변화가 있었다. 정부가 제출한 민법 개정안이 국회에서 통과됐는데, 핵심은 "친권자는 그 자(子)를 보호 또는 교양하기 위하여 필요한 징계를 할 수 있고 법원의 허가를 얻어 감화 또는 교정기관에 위탁할 수 있다"는 조항을 삭제한 것이다. 개정된 이 법은 정인이 사건이 불거지면서 진행된 부모에 의한 아동학대를 근본적으로 막기 위한 노력의 일환이다. 지금까지 '부모의 자녀징계권' 조항은 가정내에서 부모의 체벌을 정당화하는 근거로 인식되어 왔다. 전근대적이고 반인권적인 규정이 삭제되어 어린이 학대를 방지하고 인권을 옹호할 수 있게 된 것은 대단히 다행스러운 일이다.

그러나 정작 중요한 것은 당사자인 부모들이 개정안이 통과되었다는 사실과 그 의미를 모른다는 것이다. 즉 더이상 가정에서 '사랑의 매'를 들 수 없으며, 따라서 가정교육도 체벌을 전제하지 않는 새로운 방법을 찾아야 하는데 부모들은 이 중요한 사실을 잘 모른다. 지금까지 우리 가정에서는 '민주적 부모되기'에 대한 특별한 자각이 부재한 상황에서, 때로 자녀에 대한 과잉보호 혹은 전근대적 지시—복종 관계가 일반적인 부모자식 관계로 받아들여지는 경우가 많았다. 따라서 어떤 상황에서는 훈육과 학대의 경계를 혼동하는 일도 발생한다. 우리 사회에서는 2019년 기준으로 부모 10명 중 4명이 자녀 교육에 체벌이 필요하다고 생각하고 있다.

무엇보다 시급한 것은 아동을 체벌하면 불법이라는 사실을 적극적으로 홍보하는 일이다. 어떤 경우라도 어린이 체벌은 법적으로 금지되어 있다는 사실을 모든 부모들이 알아야 한다. 이와 관련해 한 시민단체가 체벌 없는 교육을 위한 구체적 실행방안을 법무부, 보건복지부, 여성가족부 등에 제안했는데, 그 내용은 ▲체벌 없이 양육할 수 있는 공식 가이드라인 마련 ▲부모가 출생 신고, 양육수당 신청 시 담당 기관이 체벌금지 관련 법률 내용 고지 ▲어떠한 경우라도 자녀에게 체벌을 사용하지 않겠다는 서약서를 받도록 하는 것 등이다.

자녀 체벌 금지를 가장 먼저 법제화한 스웨덴에서는 우유팩에 아동 체벌 금지를 알리는 만화를 넣고 모든 가정에 훈육 가이드라인을 리플렛으로 제작해 배포했다고 한다. 그 결과 체벌 금지 2년 후 스웨덴 부모의 90%가 체벌이 불법이라고 인지하게 되었다고 한다.

교육부와 교육 당국도 민법의 '부모 징계권' 삭제 사실과 그 의미를 보다 적극적으로 학부모들에게 알려야 할 것이다. 일상적인 학부모 알림은 물론이고, 아이들이 입학할 때에 자녀 체벌 금지사실을 인지시키고 이를 지키도록 서약서를 받아야 한다. 나아가 정기적인 학부모 회의를 통해서도 이 사실을 확산시키고 공유하도록 하는 것이 중요하다. 가장 중요한 일은 부모가 아이들을 체벌하지 않으면서 가정교육을 잘 해갈 수 있는 일일 것이다. 이를 위해 범정부 차원에서 반드시 지켜져야 할 명확하면서도 간단한 "비체벌 민주적 가정교육 가이드라인"을 만들어 배포하는 것이 필요하다. 그리고 이 내용을 코로나 예방 매뉴얼처럼 공영방송이나 교육방송을 통해서 반복적으로 홍보하고 캠페인하는 것도 중요하다.

나아가 지역 주민센터나 민주시민교육센터의 핵심적인 프로그램으로 "민주적 부모되기" 강좌를 온오프라인으로 개설하고, 유치원과 초등학교 학부모들이 이를 폭넓게 수강하도록 하는 것도 하나의 방안이 될 것이다. 그리고 민주적 가정교육을 지원하기 위해서, 교육당국, 지역교육청, 그리고 학교를 중심으로 다양한 학부모 교육 프로그램을 제공하고, 가정과 학교 모두에서 학생 인권이 제대로 지켜질 수 있도록 해야 할 것이다.

어린이들은 한사람 한사람이 우리의 미래를 만들어 갈 귀한 존재다. 한사람도 학대로 희생되지 않도록, 그리고 그 본연의 잠재력을 한점 왜곡 없이 마음껏 성장시킬 수 있도록 올바른 가정교육이 이를 뒷받침해야 한다. 가정은 부모가 자의적으로 지배하는 순수한 '사적 공간'이 아니라, 우리 미래 세대를 사회와 함께 키워내야 하는 건전하고 민주적인 '공적 공간'이어야 한다. 이제 미래지향적 새 교육의 핵심적 중요 키워드는 '체벌금지', '학대금지', '민주적 부모되기', '민주적 가정교육'이다.

3. 스마트학교

디지털 혁명 시대의 학교 교육은 디지털 기술역량의 습득과 더불어 기술에 대한 주체적이고 비판적인 시민역량을 함양하는 방향으로 설계되어야 한다.

컴퓨팅(Computing) 역량 교육 강화

4차산업혁명이라는 거대한 파도 속에서 코딩교육에 관심이 쏠리고 있다. 우리나라를 비롯하여 많은 나라에서 교과제목이나 성격은 조금씩 다를지라도 초등학교 고학년과 중학교에서 소프트웨어 또는 코딩교육은 이미 필수과목으로 자리잡고 있다. 인공지능 시대에 미래 직업의 구조가 근본적으로 달라지는 상황에서 아이를 키우는 학부모들의 걱정과 더불어 코딩에 대한 사교육 열풍도 커지고 있다. 그런데 코딩교육만 받으면 인공지능으로 대표되는 디지털 변혁의 시대에 잘 대처할 수 있을까? 조급증에 쫓기는 우리 사회의 코딩교육 열풍은 학교가, 공교육이 적절히 대처하고 방향을 제시해주지 못했기 때문이다.

인공지능과 기계학습(machine learning)의 비약적 발전으로 기억과 처리속도 면에서 이미 기계가 인간의 능력을 능가하고 있으며, 반복을 요하고 창조성이 필요 없는 직업은 사라질 가능성이 크다. 우리가 현재 매달리고 있는 코딩조차도 컴퓨터의 심층학습(deep learning)이 발전함에 따라

빠르게 자동화되고 있다. 따라서 코딩에 무작정 매달리는 것도 올바른 해법이 아니다. 고성장 기술기업에 투자하는 구글 벤처캐피탈(GV)의 톰 헐름(Tom Hulme)은 코딩교육 이전에 학생들의 교육에서 우선되어야 하는 점은 코딩기술의 습득이 아니라 창의성과 상상력의 공간을 키우는 것, 그리고 평생을 두고 공부하는 자세를 배양하는 것이라고 한다.

코딩과 소프트웨어 교육에서 가장 중요한 것은 '**질문을 세우는 법**'과 '**공감력**'이다. '기계는 인간의 지시가 있어야 움직이는 것'이므로 '질문을 설정하는 것'은 기술과 기계가 발전하는 과정에서 인간이 지켜야 할 가장 핵심적 공간이다. 기술을 통제할 수 있는 올바른 설계 및 기획능력이 필요하고, 이러한 힘의 출발점은 결국 '질문하는 힘'이다. 이러한 힘은 결국 정보원과 정보가 올바른지를 평가하는 '비판적 사고(critical thinking)'와 '디지털문해력(digital literacy)'에서 나온다. 나아가 보편적 인류의 감각으로 인간의 욕구와 동기를 이해할 수 있는 '공감능력'이 중요한데, 이것은 기술발전의 부정적 측면을 상쇄하고 인간적 측면을 강화할 수 있기 때문이다.

지금 우리 코딩과 소프트웨어 교육이 나가야할 지점은 바로 여기에 있다. 따라서 코딩이나 소프트웨어 교육이라기보다 컴퓨팅교육이 더 적절한 방향일 것이다. 디지털혁명의 시대라고 할지라도 인간의 사고는 기술에 의해 지배받

지 않도록 하는 것, 그리고 그 위에서 사고가 독립적으로 성
장할 수 있는 공간을 열고, 그러한 사고가 무한한 상상력으
로, 그리고 연대와 민주적 능력으로 나아갈 수 있도록 해주
는 것, 이것이 4차산업혁명 시대를 살아가야 할 우리 아이
들을 위해 우리 교육이 고민해야 할 가장 중요한 지점이다.

디지털리터러시 교육의 중요성

우선 학교 현장의 교육은 미디어와 디지털을 주인으로
서 즐기는 학생을 성장시키는 데 집중해야 한다. 단지 그것
에 과몰입해 중독되는 학생이 아니라, 디지털 기술이 변화
시킬 수 있는 사회적 맥락이나 가능성과 위험성을 충분히
이해하면서 그 속에서 자신의 삶을 설계할 수 있어야 한다.
다음으로 미디어와 디지털이 야기할 수 있는 부정적 측면
을 최소화하는 대신 디지털 기술의 가능성을 인간 중심으
로, 인간을 위해 활용할 수 있고 기술에 대한 민주적인 통
제능력을 갖춘 인재를 키워야 한다.

미국의 구글, 페이스북, 애플, 마이크로소프트, 아마존
과 한국의 네이버, 카카오와 같은 거대 기술플랫폼 기업들
이 미래 디지털 전환의 성과를 독점할수록, 그 기술이 인간
을 감시하고 지배할 수단이 될 수 있다는 우려가 있는 것도
사실이다. 기술의 사용을 인간친화적으로 규제하고, 독점
기업들을 경제민주주의의 관점에서 제도화하고 통제하는
것이 무엇보다 중요하다. 그렇기 때문에 최근 기본소득 관

점에서 제기되는 데이터세 논의와 같이, 디지털 혁명의 성
과를 몇 개의 기업이 독차지하는 것이 아니라 시민의 복리
를 증진시키는 방향으로 이끌어갈 건강한 주체들을 키워야
한다. 굉장히 복잡하고 어려운 과제지만 지금 당장 우리들
이 도전해야 할 과제다.

따라서 학교 현장의 미디어·디지털 교육을 시급히 재
편할 필요가 있다. '2022국가교육과정'에 포함된 미디어·
디지털 교육은 상당히 기술 중심이고 기술을 습득하고 활
용하는 데 주로 치중해 있다. 이와 같은 기술 중심의 교육
은 기술 그 자체에 함몰되기 쉬운 문제점을 내포하고 있다.
기술을 습득하면서도, 기술의 거시적인 발전경로 속에서 주
체가 무엇을 해야 하고 어떤 역량을 가져야 하는지 객관적
으로 판단할 수 있도록 해야 한다. 이를 위해서는 디지털 기
술과 연관된 인문학과 사회과학의 쟁점들이 함께 탐구되어
야 한다. 또 인문학, 사회과학, 예술을 접목시켜 인공지능을
통해 인간의 비판적 사고를 어떻게 확장할 것인지, 또 인간
의 창의성을 어떻게 키울 수 있는지 등 인간 중심의 생각을
발전시키는 교육이 되어야 한다. 이것이 바로 지금 시대에
필요한 디지털·미디어 복합문해력(multi-literacy)교육이다.

디지털 스마트교실, 그 가능성과 한계

우리나라 교육현장에서도 다양한 에듀테크(edutech 디
지털 교육기술) 프로그램이 시도되거나 활용되기 시작했다.

그러나 다양한 에듀테크를 실험하고 있는 에듀테크의 선진국 미국에서는 실리콘밸리에서 개발된 대표적 디지털교육 프로그램인 '서밋러닝(summit learning)'이 이를 도입한 캔자스 학교들의 학생과 학부모들로부터 저항에 직면하고 있다. '서밋러닝'은 마크 저커버그 부부가 자금을 지원해 페이스북의 엔지니어들이 개발한 플랫폼에서 작동하는 공립학교 저소득층 학생을 위한 온라인 '맞춤형 학습' 프로그램이다. 학생들은 노트북으로 커리큘럼에 따라 학습하고 교사들은 이를 도와주는 역할을 하도록 되어있어 초기에는 학부모들도 좋아했고, 많은 기대를 모았다.

그러나 도입 후 학생들은 두통, 손 저림, 스트레스 등 신체 이상증세를 호소하기 시작했다. 캔자스의 한 학교를 대상으로 한 조사에 따르면, 학부모의 77%와 학생의 80% 이상이 이 프로그램에 강한 우려를 보이고 있다. 이 프로그램은 전국 380여개 도시에서 74,000여명 학생이 사용하고 있는데 뉴욕의 브루클린, 펜실베니아 인디애나 카운티 등에서도 반대에 직면해 중단되기도 했다. 이 사례는 교육 분야의 성급하고 지나친 디지털 의존은 학생들의 정신적, 육체적 건강을 해치고 도리어 비교육적 결과를 낳을 수도 있음을 보여준다. 흥미로운 것은 실리콘밸리는 다양한 에듀테크 프로그램을 개발해내고 있지만, 정작 실리콘벨리의 엔지니어들은 자신의 자녀들에게 스마트기기를 금지하는 비디지털 방식의 교육을 고수하는 경우가 많다는 것이다.

4차산업혁명의 시대 교육현장에서 에듀테크는 더욱 더 광범위하게 도입될 것이다. 그러나 학생들의 삶이 디지털화를 통해 파괴되지 않도록 철학적, 과학적 숙고를 통해 '인간다움'을 더욱 증진시킬 수 있는 최적의 '디지털 사용설명서'도 동시에 나와야 한다.

특히 인공지능 기술의 발전과 더불어 의료, 금융 등 다양한 분야에서 인공지능 앱이 활용되고 있지만 교육분야의 경우 아직 영향력은 크지 않은 것으로 평가되고 있다. 최근 미국 한 씽크탱크의 '초중등학교 교사와 교육을 지원하는 인공지능 앱'이라는 보고서에 따르면, 다양한 교육용 인공지능 앱이 활용되고 있는 현실에서 어떤 앱들이 유용한지, 또 이들 인공지능 교육용 앱은 선생님들의 업무에 어떻게 도움이 되는지, 그리고 문제점은 무엇이며 향후 방향은 어떠해야 할지에 대해 매우 흥미로운 제언을 하고 있다. 즉 자동화 및 인공지능에 의해 대체되기 쉬운 제조 현장에서의 반복적 작업과 달리 교사의 업무와 교수법은 완벽한 자동화가 불가능하다. 그 이유는 교사의 역할이 복잡하며, 특히 창의력과 유연성 등이 필요하기 때문이다. 또한 교사들은 논리적, 비판적으로 사고하면서도 연민이나 공감을 통해 교실에서 발생하는 공부 이외의 문제들에 대해서도 대처해야 한다.

　　교사들이 지성적 주체역량을 향상하고 효과적인 수업
을 할 수 있도록 돕고, 특히 학생들의 비판적, 공감적 사고
와 민주적 삶의 역량을 증진시키는 교육의 큰 흐름 속에서
인공지능 프로그램을 어떻게 활용할 것인지 우리도 적극적
으로 고민할 때다.

디지털 기술혁명 시대의 기술계 고등학교

디지털기술혁명은 기술계 고등학교의 존재형태와 교육내용에도 엄청난 혁신을 요구한다. 현재 산업시대의 점진적인 기술변화 속도를 전제로 설계된 기술계 공교육은 이미 정보화, 탈산업(제조업)화에 따라 다양한 형태의 특성화고로 분화해 진화하고 있다. 그러나 디지털기술혁명은 기술의 변화속도, 즉 기술 생명주기를 현격히 단축시킬 뿐만 아니라, 통상 인간의 일로 상정되던 노동분야를 빠른 속도로 잠식해갈 것이다. 이러한 점에서 직업계, 특성화고의 분야 또한 기술분야별 구분 이외에 앞에서 말한 새로운 "인간다움"에 기초한 예술적, 창의적 노동분야—다양한 문화 예술활동, 공예, 첨단 원예, 요리, 체육활동 등—를 중심으로 변화하는 시대에 맞춰 대폭적인 재구성을 겪어야만 한다. 이러한 점에서 디지털, 인공지능혁명은 현재의 직업계, 특성화고의 존재방식에 근본적인 변화를 요구한다.

아울러 특정한 몇몇 고등학교의 경우, 가령 안산의 디지털미디어 고등학교와 같이 전문화된 디지털, 인공지능 전문 고등학교로의 진화도 가능하다. 아마도 미래의 기술계 고등학교의 핵심은 이러한 첨단 기술계 고등학교일 것이다. 다만 몇 가지 우려는 첫째 공교육 기술계 고등학교와 현실 기업 간의 기술격차의 문제, 둘째 고등학교 졸업 엔지니어의 안정적이고 미래지향적인 취업 보장여부이다. 공교육 기술학교가 기술지체를 해소하고 지속적으로 첨단 기술기반을 유지할 수 있고, 동시에 유망한 대기업에 차별 없이 취업할 수 있으며, 또 일정상황에서는 다시 교육기관으로 돌아와 재교육을 받을 수 있는 종합적인 제도가 필요하다. 이를 위해 미국 뉴욕시의 리쿼스 센터(Recurse Center)처럼, 대기업을 비롯 지역의 첨단기업들이 해당 권역 디지털(교육)센터에 투자하도록 하고, 이를 플랫폼으로 하여 교육청과 학교, 기업, 지역사회가 교통, 결합하는 협업적 교육센터 모델을 적극적으로 추진할 필요가 있다.

　　이 센터에서는 유수 양면성 플랫폼 기업들이 캠퍼스내에서 부여하는 자유로운 연구 및 교육환경을 제공하고, 나아가 '해커톤(hackathon)'과 같이 집단적 지성과 창의성을 극대화할 수 있는 경연제도도 운영될 수 있을 것이다. 디지털교육센터 플랫폼을 통해 개별학교들은 센터에 학생들을 파견해 첨단기술 세례를 지속적으로 받을 수 있게 하고 동시에 센터로부터 첨단기술 또한 지속적으로 제공받으며, 투자한 기업들은 높은 수준의 창의성과 기술력을 갖춘 훈련된 인재들을 안정적으로 공급받을 수 있고, 학생들은 미래지향적인 취업을 보장받으면서도 일정기간 이후에는 빠른 기술 속도에 재적응하기 위해 재교육받을 수 있는 일종의 귀환처(retreat)를 얻을 수 있게 된다.

4. 녹색학교

우리의 삶을 위협하는 거대한 기후재앙 앞에서 탄소중립은 반드시 실현해야 할 미래다. 우리 초·중·고 교육에도 대단히 부족하지만 이미 환경교육은 시작되었다. 「초·중등학교 교육과정」(2015년)의 범교과 학습 주제에 '환경·지속가능발전 교육'이 포함되어 있으며, 이에 기반하여 중·고등학교는 환경과목을 선택과목으로 편성·운영하고 있다. 초등학교는 바른생활, 사회 과목, 중고등학교의 사회·도덕, 과학·기술가정 등의 타 교과에도 환경교육이 일부 포함되어 있다. 그 외 환경교육진흥법에 환경교육 진흥 관련 내용이 포함되어 있으나 학교 환경교육을 의무화하고 있지는 않다. 이와 관련하여 특히 미래 시민들의 삶의 양식을 변화시키고 새로운 가치관 정립을 위한 체계적인 녹색전환교육이 그 무엇보다 절실하다.

기후위기와 녹색전환교육

특히나 탄소중립은 2050년까지 완수해야 하는 긴박하고 고통스러운 과정이 동반되는 문제이기 때문에 미래의 주인인 학생들을 그 실천의 주체로 세우는 것이 핵심일 수밖에 없다. 따라서 이 내용을 초중등 정규 교과에 반영하는 것이 중요하고 시민교육과 연동하는 방법도 고려해야 한다. 나아가 기후위기가 사회적 측면에서 어떻게 전개되는지, 또 자연과학의 관점에서 자연현상을 이해하고 탄소중립 실천의 이유를 배울 수 있도록 환경과목과 융합교과를 만들어 준(準)필수과목이 되도록 해야 한다. 이러한 점에서 미래세대들이 녹색전환과 친환경 삶의 방식을 구현할 수 있도록 체계적인 교육이 이루어져야 한다. 이를 위해 '기후변화의 과학', '녹색전환의 사회과학' 등과 같은 교육을 학생들이 정규교과시간에 체계적으로 이수하도록 해야 한다.

외국에서도 기후환경 위기에 대응한 환경교육이 다양하게 실시되고 있다. 1990년에 이미 국가환경교육법(NEEA)를 제정하였으며, 2011년 「환경교육법」을 제정한 대만은 1년에 4시간 이상의 의무적 환경교육을 초중등 교사와 학생들은 받아야하며, 이는 환경교육기금을 통해 지원되고 있다. 또한 사회 환경교육의 질을 높이기 위한 환경교육 시설(facility)과 장소(place) 인증, 훈련제공을 위한 환경교육기관에 대한 인증 등을 규정하고 있다. 나아가 모든 초·중·고등학교는 소속 직원 중 1인 이상이 환경교육 보급인력임을 인증하는 「환경교육인력 인증 및 관리방법」에 따라 환경교육 보급인력의 인증을 취득해야 한다. 일본도 일찍부터 환경교육을 실시하고 있는데, 2003년 환경교육관련 법률 제정에 따라 학교의 교직원에 대한 환경교육연수를 국가의 책임으로 하고 있다. 이외에도 독일, 영국, 호주 등 많은 국가에서 환경교육법이 제정되거나, 정책차원에서 시행되고 있다.

지속가능학교

　　민주적이고 실천적인 '삶으로서의' 녹색전환교육도 필요하다. 현재 정부는 노후학교를 개축하는 '그린 스마트학교' 사업을 진행하고 있지만, 사실 어떤 부분이 '그린'을 구현하고 있는지 명확하지 않다. 학교에서의 생활이 교육내용과 일치하도록 학교가 뒷받침해주는 것이 무엇보다 중요하다. 관련 사업을 대대적으로 확충해 텃밭과 녹지, 햇빛발전소, 최소 에너지 소비건물 등이 어우러지는 학교공동체를 재구축하고 학생들이 학교 안에서 생태친화적이고 지속가능한 삶을 살아갈 수 있도록 해야 한다.

　　이제 학생들은 시대적 과제로서 녹색전환의 삶을 실천하는 방법을 학교에서부터 배우고 익혀야 한다. 이를 위해 친환경적 삶, 그린 스마트라이프가 학교 안에서 구현되고 교육되는 지속가능학교로의 전환을 위해 모든 학교에 적극적으로 투자해야 한다. 이를 위해서는 학교의 주체 및 공간을 포함한 학교 생태계의 재구성이 절실하다. 건물들을 저에너지소비 건물로 재구조화하고 태양광 및 재생가능에너지 발전소를 운영하며, 학교 텃밭과 녹지를 스스로 가꾸고 유기농업지역으로의 농촌활동을 경험하도록 함으로써, 학생들이 탄소배출 삭감 및 에너지전환, 그리고 녹색전환의 삶을 일상적으로 살아갈 수 있도록 해야 한다. 이러한 지속가능 학교공동체를 통한 녹색전환의 삶은 사회적 경제, 노작, 친환경 먹거리, 생명평화 등과 연관된 교육분야와도 긴밀히 연계해 운영될 수 있다.

2050 탄소중립 목표 실현 위한 기후위기 · 녹색전환 교육

2021년 10월 27일 국무회의에서 '2030 국가온실가스 감축목표(NDC) 상향안' 및 '2050 탄소중립 시나리오안'이 공식 채택되었다. 즉 2030년 NDC를 지금까지 정부 방침인 2018년 대비 26.3% 감축안(탄소기본법에서는 35% 감축안)에서 목표를 40%로 상향 재조정하고, '2050 탄소중립 시나리오'는 '순배출량 0' 목표를 분명히 하며 △화력발전 전면 중단 등 배출 자체를 최대한 줄이는 A안, △화력발전(석탄발전 폐지, LNG 발전유지)이 잔존하는 대신 탄소포집(CCUS) 등 제거기술을 적극 활용한다는 B안이 그것이다.

이로써 '기후변화기본협약' 파리협정의 기후변화 억제목표(IPCC 1.5℃ 기온상승 제동)에 적극적으로 부응하기 위한 우리나라의 국가적 기후위기 대응목표가 공식 확정되었다. 그간 우리 정부 및 기업이 취해오던 소극적인 방침을 넘어서기 위해 노력한 흔적은 역력하다. 이러한 점에서 기후위기에 대응하기 위한 정부의 인식변화는 읽혀진다.

그러나 이번 방침이 2030년 산업 배출을 14.5%로 삭감하겠다고 하는 등 2050 탄소중립의 실현에 의문을 갖게 하지만, 이 정도의 계획에 대해서도 산업계의 반발은 여전히 크다. 미래세대를 필두로 우리의 삶을 위협하는 거대한 기후재앙 앞에서 탄소중립은 어차피 갈 수밖에 없는 길이다. 단기적인 이해득실에만 초점을 맞출 것이 아니라, 새로운 기술을 활용하고 새로운 경로 설정을 통해 전화위복의 구상력이 필요한 때이며, 고통을 감내한 선제적인 산업구조 전환과 고도화에 박차를 가할 수밖에 없는 상황이다. 인류 전체의 생존이라는 관점에서 기업의 이익 및 활동공간을 재구성하고, 그 위에서 새로운 '전략적 이익'이 추구되어야 할 것이다. 이러한 점에서 정부는 한정애 환경부 장관이 언급한 "법정목표"와 '부처별 소관 기본계획' 및

'산업별 전환계획' 등을 구체적으로 수립하여 이번 결정의 법적, 실천적 구속력을 높여야 할 것이다.

그러면 이번 결정으로 우리나라는 지금까지 '기후악당국가'라는 오명에서 벗어날 수 있을까? 이번 결정이 대단히 미흡하다는 기후환경 시민단체들의 비판에 주목할 필요가 있다. 무엇보다 이번 국가온실가스 감축목표를 2018년 총배출량 대비 2030년 순배출량을 40% 감축하겠다고 하고 있으나, 2018년 총배출량과 2030년 총배출량을 기준으로 이번 상향안을 계산하면 30% 감축에 불과하며, 2018년 순배출량과 2030년 순배출량(국외 감축분 포함)으로 계산해도 감축률은 36% 정도밖에 되지 않는다. 이번 목표에는 수치상의 과장이 존재한다는 문제가 있다. 설혹 40% 상향안을 그대로 받아들이다고 해도, 이번 목표는 UN IPCC의 [1.5℃ 특별보고서]에서 지구 온도 1.5℃ 상승을 막기 위해 권고했던 '2010년 대비 45% 감축'(2018년 대비 50% 이상 감축) 목표에 비하면 대단히 부족하다.

나아가 2030년까지 석탄발전이 존속한다는 점, 그리고 삭감의 방법론 면에서도 문제가 많다. 중요한 방법론으로 제시되고 있는 탄소포집기술(CCSU)은 기술적·경제적 상용화 시점이 불분명하다는 것이다. 국외감축 역시 국제적 인정기준이 불확실할 뿐만 아니라 부실한 사업설계와 운영, 현지 난개발 및 노동문제 등의 문제를 내포하고 있고, 삼림 등 '흡수원' 계획은 무분별한 벌채와 재조림을 통해 생명다양성을 훼손할 여지가 있다. 또한 "2050 탄소중립 시나리오"는 기후위기에 대한 적극 대응의 출발점을 보여주고 있기는 하지만, 부문별 감축목표가 불충분하고 감축경로와 수단도 여전히 추상적인 상황이다. 특히 시나리오 B안에서는 이행기 에너지로 LNG를 인정하고 CCSU에 대한 지나친 의존도를 보이고 있다. 이번 탄소중립 방안은 감축 목표설정, 경로 및 이행수단 등에 걸쳐 보다 의미있는 실행력이 담보되도록 획기적이고 본질적인 재구성이 필요한 것도 사실이다.

그러나 부족하더라도 기후위기에 대응하는 국가적 발판이 보다 분명해졌다. 이제는 법적으로 뒷받침된 현단계 의무 실행목표를 제시함과 동시에 혁신적이고 상향된 목표체계 재설정을 위한 체제를 준비해야 한다. 이러한 국가적 기후위기 대응체제 구현은 화석연료 의존적인 산업구조의 근본적인 전환과 재구성, 그리고 시민들의 삶의 양식에 있어 획기적 변화에서 시작될 수 있다. 이와 연관하여 특히 미래 시민들의 삶의 양식을 변화시키고 새로운 가치관을 정립을 위한 학교에서의 체계적인 녹색전환교육이 그 무엇보다도 절실히 필요해진다.

우선 월 2시간 이상의 의무적 기후실천교육을 도입해 '2050 탄소중립 시나리오'에 따르는 탄소배출의 삭감 필요성, 사회적·산업적 변화, 이에 따르는 삶의 방향과 방식의 변화 및 실천방안 등을 체계적으로 깨우치며 이를 자기 주도적으로 실천하도록 교육 및 토론을 실행할 필요가 있다. 나아가 녹색전환교육의 실효성 제고를 위해, 기후위기, 시민, 노동인권, 지구과학, 생물 등의 유관과목을 융복합한 '생태시민교과', '생태과학교과'를 정규 사회 및 과학탐구 교과로 채택해 학생들의 선택을 확대하도록 해야 한다. 그뿐만 아니라 기후위기·녹색전환교육은 시민들의 일상적 철학과 가치, 태도의 변화를 지향한다는 점에서 국가교육과정의 총론(목표와 인재상)에 그 방향성을 분명히 반영하고, 전체 교과의 주제와 내용에서 그 취지가 일관되게 살려지도록 해야 할 것이다.

기후위기·녹색전환 교육은 삶과 실천의 교육이어야 한다. 무엇보다 학생들은 건강한 학교생태계 속에서의 삶을 통해 친환경 지속가능 가치를 내재화하고 일상적 삶에서 이를 실천할 수 있도록 해야 한다. 생태시민, 생태과학 교과, 그리고 녹색전환의 가치를 지향하는 일반교과에서의 학습과 더불어 학교에서 지속가능한 삶의 구체적 실천을 통해, 학생들은 기후·생태 시민으로서 성장할 수 있을 것이다. 이러한 시민들이 우리 사회의 주축이 되어 정당한 목소리를 사회에 적극적으로 발신하고 여기에 기성세대가 함께 할 수 있을 때, '2050 탄소중립'은 어렵더라도 기꺼이 실현될 수 있을 것이다.

또한 학생들의 배움과 삶의 공간인 학교에서는 에너지소비와 탄소배출을 획기적으로 축소해야 하고, 태양광 등 재생에너지를 생산하여 그 혜택을 사회적으로 나누는 새로운 생태공동체로 재탄생되어야 할 것이다. 이와 더불어 학교에서 학생들이 텃밭가꾸기, 조림 등 기후실천 활동으로 생태친화적 평화인성을 기르고 학교 공간 자체가 탄소 '흡수원'으로도 기여하도록 해야 한다. 나아가 자원의 재활용(리사이클)을 위한 학교 내 실천적 생활양식 정착을 위한 지속적 노력 역시 절실히 필요하다.

현재 코로나19 시기 '그린뉴딜'의 일환으로 노후학교를 재건축하는 '그린스마트학교' 계획이 추진 중이다. 그러나 이 계획에 '그린', 즉 '녹색 전환'에 합당한 적극적 구상은 보이지 않는다. 이제라도 전국 모든 학교를 지속가능한 녹색전환학교로 재구성하기 위해 '2030 NDC 상향목표' 및 '2050 탄소중립 시나리오'에 기반한 학교시설 및 인프라 환경의 획기적 개선과 지속가능한 학교생태계 구축에 대한 담대한 '국가교육시설계획'이 하루속히 수립되어 추진되어야 한다.

'2050 탄소중립' 국가적 목표설정을 기반으로 체계적 녹색전환교육 계획을 수립하고, 구체적 방안으로 월 2시간 실천교육, 융복합 교과로서 '생태시민교과' '생태과학교과'를 도입하고, 국가교육과정 총론 및 각 교과 기본목표에 녹색전환의 철학과 가치를 반영할 필요가 있다.

또한, 기후위기 · 녹색전환교육을 위한 '국가교육시설계획'을 통해 학교시설 및 학교 생태계를 '2050 탄소중립' 목표에 부합하도록 대대적으로 재구성하고, 저탄소 · 재생가능에너지 · 친환경 기반 학교생태계에서 학생들이 기후 및 생태 관련 교

육적, 사회적 실천 활동을 하며 사회연대적 생태친화적 평화시민으로 성장할 수 있

도록 국가적 계획을 수립해야 한다.

5. 포용학교

　　교육이 사회경제적 불평등의 원인이 아니라 해결책으로 기능해야한다. 아이들은 사회적 불평등의 내상을 품은 채 학교에 온다. 불평등한 조건이 그대로 노출되는 교실에서 학교의 수업이 아이들에게 온전히 전달될 리 없다. 그만큼 학교가 제대로 기능하려면, 학교안에 이 불평등을 완충하고 보정하는 장치가 있어야만 한다. 이에 대해서는 수업과 학교교육의 향상을 위해서도 반드시 구체적인 대응체제가 필요하다.

아이를 키워주는 교육 그 이상의 학교

　　문제 해결을 위한 출발은 교실 수업 중심의 고전적인 학교 개념을 완전히 바꾸는 것이다. 지금과 같은 사회적 불평등이 고착화된 환경은 굉장히 복잡한 문제가 얽혀 있기 때문에 학교의 개념이 완전히 바뀌지 않는 한 해결할 수 없다.

　　앞으로 학교는 학부모들이 안심할 수 있도록 아이를 책임지고 키워주는 곳이어야 한다. 사회변화로 인해 혈연 중심 가족관계에 균열이 생기며 1인가구, 조손가구, 다문화가구 등 다양한 가족이 등장하고 있다. 이러한 인구구조 변화와 더불어 공교육 및 복지제도는 다양성, 포용성, 연대, 돌봄 등의 가치를 중시해야 한다. 개인적 차원에서 돌봄을 책임지는 것이 점점 더 어려워지고 있다. 개인의 건강과 안전을 책임지는 국가 및 공공의 역할이 더욱 중요하다. 한국 사회가 당면한 가장 중요한 문제 중 하나인 저출생 문제 해결의 열쇠 중 하나는 공적 돌봄의 확대이다.

따라서 보편적·맞춤형 복지가 교육공간에서 하나로 어우러지는 체계의 설계가 긴요하다. 이를 위해 우선 학교가 책임 돌봄 시스템을 학부모들의 요구에 맞추어 확대하면서 공공성을 더욱 강화하고 질적으로 향상시키는 게 중요하다. 학교는 돌봄이 절실한 가정의 아이들에게 체계적인 학교돌봄을 되도록 폭넓게 제공해주어야 한다. 실제로 학부모들은 학교돌봄을 가장 안전하고 안심할 수 있는 돌봄형태로 선호한다.

교육과 복지의 결합지점인 돌봄은 향후 다음과 같은 방향으로 진화되어야 할 것이다. 첫째, 이 돌봄은 공공적 성격을 강화함과 아울러, 그 프로그램의 질적 수준도 획기적으로 개선되어야 한다. 그 일환으로 학교돌봄은 학생들의 사회문화적 자산 및 경험의 격차를 줄일 수 있도록 설계되어야 한다. 돌봄과 방과후를 통해 미래학력을 위한 '맞춤형 책임교육'이 필요하다. 이를 위해서 정규 '교사(teachers)'와 함께, 고전명저 독서, 문화예술, 과학, 실험과 체험, 체육활동, 노작, 실천과 봉사영역 등에서 학생들을 체계적으로 지원할 전문적 '교육자(educators)'의 학교교육 결합이 적극적으로 요구된다.

둘째, '7시 책임 돌봄'을 전면화하고, 야간돌봄교실도 도입을 고려할 필요가 있다. 또한 책임돌봄이 가능하기 위해서는 이에 대한 권한과 책임의 거버넌스 시스템이 명확해져야 할 것이다. 그러나 학교돌봄의 공공화와 질적 수준의 제고 과정이 교사들의 부담으로 이어져서는 안된다. 이를 위해서는 교육공무직 전일제 전담사와 학교관리자 중심의 돌봄 관리체계가 구축되어야 한다. 학교의 보편적·맞춤형 복지, 그리고 공공적 돌봄은 이제 아이들을 책임지고 키워주는 '안심공동체'로서 학교의 성격을 강화하도록 한다. 이제 학교는 수업만을 하는 단순한 '교육 공간'이 아니라, 아이를 책임지고 키워주는 '교육 그 이상의 공간(교실 그 이상의 공간)'으로 자리 잡아야 한다.

다음으로 보편적 교육복지를 향상시킬 필요가 있다. 무상급식, 무상교복, 고교무상화는 현재 이루어졌다. 이 다음에는 학습과 관련된 재료비, 교재교구비, 책값, 학습 부교재비 등 교육에 필요한 자료를 학교가 책임지고 제공해 빈부격차를 해소해야 한다. 이것은 무차별적, 보편적으로 이뤄져야 한다.

또 맞춤형 교육역량을 향상시키는 복지시스템이 필요하다. 교사에게 일정한 보상을 지급하면서 기초학력 제고가 필요한 아이들에게는 효과적인 기초교육을 제공해야 한다. 그리고 맞춤형 교육역량 향상에서 반드시 고려해야 할

한 가지는, 경제사회적 생활조건에 따라 독서나 체험학습 등의 경험, 더 나아가서는 문화자산의 격차가 너무 크다는 사실이다. 가정환경이 어려운 아이들은 독서나 문화예술, 체험 등에 대한 경험이 대단히 부족하다. 실제로 학교에서 사회경제적 불평등은 이렇듯 문화자산의 불평등으로 나타나고, 이것이 교육불평등을 더욱 고착시키는 경우가 많다. 이러한 조건을 그냥 방치한 채 교육내용의 향상을 추진한다면, 교육의 불평등은 더욱 커질 수밖에 없다. 최근 고교교육의 개선를 위한 고교학점제도 사실 이런 문제를 야기할 수 있다. 그렇기 때문에 학교는 교육개선과 연관된 교육불평등을 효과적으로 줄이기 위해서 필요한 학생들에게 문화자산과 경험을 맞춤형으로 제공할 수 있도록 면밀한 지원체제를 갖추어야 한다.

학교교실에서의 불평등을 보정하기 위해 다른 나라들도 다양한 정책을 추진하고 있다. 프랑스의 경우 어려운 학생을 위해 '개학수당'을 지급한다. 이는 일 년에 한 번 신학기 준비를 지원하기 위해 저소득 가정 부모에게 지급되는 것으로 18세 미만으로 수입이 최저임금의 55%를 넘지 않으면서 학업 중이거나 견습 중인 경우 지급대상이 된다. 우리도 개학준비를 하는데 어려움을 겪는 학생이 없도록 하기 위한 직접적 지원이 필요할 것이다.

학교에서 시민적 평등과 공공성, 차별없이 사람을 존중하는 인권을 학생들이 배울 수 있어야 하는데, 이 부분과 관련해서는 교사들의 역할이 무엇보다 중요하다. 교사가 인권친화적이고 민주시민 가치를 가진 포용교육의 설계자가 될 수 있도록 교원양성기관의 교육과정에 민주시민, 인권관련 강좌를 개설, 이수토록하고, 교사임용 이후에도 이러한 역량을 강화하기 위한 체계적이고 주기적인 연수를 제공할 필요가 있다.

학생들 사이에서도 상대방의 인권을 존중하도록 학교생활헌장을 제정하고, 학생간의 혐오와 차별, 그리고 폭력을 자정할 수 있도록 체계적인 교육이 필요하다. 특히 학생인권조례상 학생들은 인권을 보호받는 '대상'으로 규정되어 있는데, 다른 한편으로 학생은 다른 학생들과 교사, 그리고 학교내부의 다양한 교육기여자들의 인권을 존중해야 하는 '주체'임을 교육을 통해서 자각하도록 할 필요가 있다. 이를 통해 학생들 간에 존재하는 다양한 차이, 불평등, 격차를 포용하고 평등 및 연대 지향적인 학생공동체와 학교공동체를 구축해야 한다.

또한 학교부터 노동인권교육이 필요하다. 중고등학교를 중심으로 학생들이 임시직 알바 노동과 같은 노동시장에 아무런 대책 없이 노출되고 있고, 특성화고 학생들은

'현장실습'이라는 형태의 새로운 노동환경에 직면하고 있다. 때문에 학생들이 노동의 가치와 철학, 법적 권리 등에 대한 교육을 받도록 해 스스로를 보호할 수 있도록, 인권을 지키도록 하는 교육을 서둘러 실시해야 한다.

동시에 학교는 교사, 공무원, 공무직 등 대양한 교육노동자들이 학생들에게 질 높은 교육을 제공하기 위해 헌신하는 공간이다. 학교는 '교육을 위해 일하는 사람들'이라는 공통분모를 갖는 이들의 공동체기도 하다. 이러한 점에서 서로의 노동을 존중하고 인권을 존중하는 공통인식을 가질 필요가 있다. 이를 위해 학생들뿐만 아니라 학교구성원 모두가 보다 체계적으로 노동 및 인권교육을 이수하도록 할 필요성도 존재한다. 이를 통해 학교에서 각각의 직역의 특수성과 교육노동의 보편성을 동시에 인정하는 포용적 민주주의, 즉 포용학교의 기반을 강화할 수 있다. 포용적 민주주의가 발전할 때, 학교에서 보다 좋은 교육을 향한 교사와 다양한 교육전문가들의 적극적인 협업 또한 가능해질 수 있다.

영 케어러(가족돌봄청소년, Young Carer)와 학교의 역할

영 케어러란 질병, 장애, 정신건강, 알코올 중독 등의 문제를 가지고 있는 가족구성원을 직접 돌보는 아동·청소년을 이른다. 상당수의 청소년이 가족돌봄 역할을 수행하고 있는 현실에도 불구하고 그 존재가 잘 드러나지 않아 '숨겨진 집단(hidden army)'으로 불리기도 한다. 우리나라에서는 최근 '간병살인사건'을 계기로 영 케어러(가족돌봄청소년)에 대한 사회적 관심이 커지고 있다.

영 케어러는 조손가정에서의 조부모, 병든 부모, 장애부모 등을 돌보고 보살피는데서부터 때로는 생계까지 돌봄부담을 전적으로 책임지고 있는데, 청소년기 가족돌봄은 아동·청소년의 성장과 발달에 큰 영향을 미친다. 특히 돌봄역할을 하는 청소년은 괴롭힘이나 따돌림의 대상이 될 우려가 높기에 학교생활을 제대로 영위하기 어려우며, 이는 학업중단으로 이어지기도 한다. 더 나아가 청소년으로서는 감당하기 어려운 교육과 돌봄노동의 병행으로 인해 스트레스, 사회적 고립감, 육체적 고통을 겪는 경우가 많다. 문제는 영 케어러들의 돌봄 수행기한이 일시적인 것이 아니라 장기적이고 만성적인 질병 및 장애를 가진 부모에 대한 것이라면, 영 케어러의 현재 뿐 아니라 미래의 삶에도 치명적 영향을 미친다는 것이다. 자신의 미래를 준비해야 할 청소년기에 부모나 조부모를 부양하느라 학업을 지속할 수 없으면 빈곤의 악순환에 빠지는 걸 막을 수 없다. 빈곤은 경제적인 것만이 아니라, 연결이나 가족수가 적은데서 비롯되는 지원하는 힘의 빈곤도 있다. 소가족화와 고령화, 경제적 양극화 사회일수록 영 케어러는 더 증가할 수 밖에 없다. 따라서 청소년의 돌봄부담에 대해 복지뿐 아니라 교육차원에서의 접근이 필요하다.

영국과 아일랜드, 호주, 일본 등 국가에서는 이미 오래전부터 영 케어러가 중요한 복지와 교육정책의 대상이 되어왔다. 특히 영 케어러에 대해 일찍부터 주목하

고 법률에 정책대상으로서의 정의를 명료히 하고 있는 영국은 11~18세 청소년의 약 8%를 영 케어러로 파악하고, 2019년부터 영 케어러 보조금 지급 등 정부 및 민간기관이 협력하여 지원하고 있다. 일본도 2021년 영 케어러에 대한 첫 실태조사를 실시하였는데, 조사 결과 전국의 중학교 2학년의 6%, 고등학교 2학년의 4%가 영 케어러에 해당하는 것으로 나타났다. 이에 따라 가사노동과 간병지원, 온라인 상담 등 국가적 지원체계를 구축하고 있다. 또한 이들 국가들은 영 케어러의 빠른 식별을 위해 학교에서 영 케어러들을 식별, 평가, 지원할 수 있는 가이드북을 보급하는 한편, 교원 및 학생을 대상으로 인식개선 교육도 실시하고 있다.

우리나라도 최근 가족돌봄청소년에 대한 사회적 관심이 생겨나고 있고 정부 또한 실태파악 및 대책마련을 모색 중이다. 2022년 2월 13일 보건복지부는 '가족 돌봄 청년 지원대책 수립 방안'을 발표하며, 돌봄 부담으로 생계는 물론 학업·진로 등 생애 전반에 어려움을 겪고 있는 '가족돌봄청년'에 대한 전국 실태조사와 지속적 지원을 위한 특별법 추진의지를 밝혔다. 그러나 우리 교육정책에서는 아동·청소년 을 방과후 돌봄 등 돌봄의 서비스를 받는 대상으로만 인식하고 있으며, 이들을 돌봄 을 제공하는 주체로의 인식은 부재하다. 따라서 지역교육청과 학교 차원에서의 대 대적인 실태조사와, 관련 인식개선을 위한 교육 그리고 가족돌봄청소년에 대한 학 교에서의 지원책을 시급히 마련해야한다.

학교급식 교육노동자의 건강과 안전

학교급식실에서 근무하는 4명의 교육노동자들의 폐암이 산재로 인정받고 백혈병, 혈액암 등 심각한 질병을 앓고 있는 노동자들의 산재 신청이 이어지고 있다. 무상급식으로 대한민국 공교육의 보편적 교육복지의 길을 열었던 학교급식 노동은 아이들에게 '따뜻한 밥 한 그릇' 먹이는 차원을 넘어서 대한민국 교육의 길을 바꾸는 획기적인 교육노동의 길을 열어왔다. 그러나 그 대가가 너무 처참하다. 이유도 모르고 얻은 폐암, 백혈병, 이 모든 것이 안전한 노동환경을 도외시한 채 일방적인 희생만을 강요해온 비정규직 학교 교육노동의 현실에서 발생했다.

학교급식 노동자의 근무환경 실태와 병의 원인에 대해서는 보다 체계적 조사가 필요하지만, 급식실 환경을 비롯 노동조건의 문제는 시급하게 해결되어야한다. 급식실 폐암 환자의 발병 원인에 대해 전문가들은 기름을 이용해 고온으로 조리할 때 생기는 초미세분진인 '조리흄(fume)'이란 물질에 주목한다. 튀김이나 볶음 요리 경력이 많을수록, 조리 시간이 길수록 폐암 발병의 위험은 3배나 높아진다. 열원이 많은 급식실에서 조리하는 순간 발생되는 미세먼지가 공기 중에서 급격히 응축되면서 나노 입자로 작아져 폐에 들어가서 박히는 것이 문제의 원인이 될 수 있다는 것이다. 현재 산업안전보건 규칙에 환기 장치 성능에 대한 규정이 있고, 장치 종류와 설치 방식에 대한 지침도 있지만 발병이 끊이지 않는 이유는 제대로 된 관리가 없다.

또한 학교급식 조리노동자 1명이 평균 약 130~150명의 급식을 책임지고 있는데, 이는 2018년 서울대병원 등 12개 주요 공공기관 기관의 조리인력 1명당 급식인원이 65.9명인 것에 비하면 약 2배 수준의 노동강도라는 지적도 있다.

학교가 민주적인 시민을 길러내는 공간이 되려면, 교육노동의 일방적 희생과 차별이 더 이상 존재해서는 안된다. 급식실 교육노동의 안전이 무엇보다 시급한 시점이다. 이를 위해 ▲교육부, 노동부, 시도교육청, 노동조합, 전문가가 참여하는 '학교 급식실 산재 연구 및 개선 협의회' 구성 ▲급식실 환기시설 등의 전수조사 및 확기적인 환경개선, 특히 지하 및 반지하 노후 급식실 시설의 폐쇄 혹은 개선 ▲현직 및 퇴직 포함한 급식실 노동자 직업암의 전수조사 ▲부침·튀김·볶음·구이 등 '조리흄'을 최소화하는 급식대안의 마련 ▲조리원 배치기준 경감 및 전담대체인력 확보를 통한 유해물질 노출 시간의 축소 등을 우선 추진해야 한다. 그리고 교육부와 고용노동부 등 관련 부처가 더욱 적극적으로 나서서 급식실 환경개선 및 학교 급식 담당자들의 건강을 위한 산업안전보건법 등 제도적 개선과 법적 조치가 서둘러져야 할 것이다.

6. 창의지성학교: 새로운 공부 · 새로운 학교

대전환 시기에도 '공부'는 여전히, 아니 더욱더 중요하다. 한국에서 공부는 문제풀이와 같은 개념이 되어버렸고 이런 공부는 '수월성교육'이라는 말과 맞닿아 있다. 한국에서 '수월성교육'은 점수에 의한 성적지표로 획일적으로 줄 세우는 과정을 의미한다. 이러한 의미의 '수월성교육'에는 단호하게 반대한다.

그러나 수월성의 본래 의미는 각각의 인간에게 잠재되어 있는 역량, 즉 탁월성을 의미한다. 교육은 이 개인들의 탁월성을 발전시킬 수 있도록 길을 열어주는 과정이어야 한다. 이러한 탁월성은 개인마다 다르므로 대단히 다양한 형태를 띤다. 그래서 한국형 '수월성교육'은 어떤 의미에서 개인들의 이러한 탁월성의 발전을 획일적 기준으로 억압하는 것이다. 그래서 '역동적 수월성' 또는 '다양한 수월성'이라는 개념으로의 사고의 전환이 필요하다. 이 말의 의미는 개인들의 다양한 탁월성을 발현, 발전시키는 역동적 과정이 새로운 공부이고, 이것이야말로 최근 들어 관심을 받고 있는 '미래학력'의 요체가 된다.

개개인의 탁월성, 재능에 따른 공부에 대해 말해보자. 어떤 학생은 인문학을 통해 역사를 공부하고, 어떤 학생은 수학을 좋아하고, 또 어떤 학생들은 문학, 그림, 체육 등등에서 다양한 재능을 가질 수 있다. 일반적으로 수학은 공부에 포함시키지만, 현재의 공부의 개념 속에서 그림이나, 음악, 체육은 배제된다. 그러나 그 모두가 개개인에게는 가장 중요한 공부다. 자기의 세계를 발견하고 자기를 표현하는 방법과 경로가 다를 뿐이지, 본질적으로 이 모든 것은 자신의 탁월성을 계발하는 지성, 감성, 육체활동의 총화기 때문이다. 이러한 점에서 모두 공부인 것이다.

예체능은 그 재능, 탁월성을 가진 학생들에게는 가장 중요한 공부영역이다. 아마도 이러한 학생들에게 교과서 지식전이 중심의 표준적 국가교육과정을 획일적으로 강요하는 것은 고욕(苦辱)일 것이다. 이들에게는 그들의 탁월성을 발현시키고 발전시킬 수 있는 맞춤형 교육과정이 필요하다. 가령 예체능을 더욱 잘 발전시킬 수 있도록 맞춤형으로 설계해 언어, 인문학, 문화, 수학 및 과학교육 등을 제공하는 것이다. 대전환의 시대. 이제 우리는 익명성으로 덧씌워진 '집단'에 주목할 것이 아니라, 각기 다른 자기 얼굴을 갖고 있는 한명 한명의 귀중한 인격체들에 주목해야 한다. 하나의 표준적 틀로 학생들을 획일화하여 고유한 탁월성을 소모시켜버리는 시대는 이미 끝났다. 이제는 학생 각자가 탁월성을 키우고, 그 탁월함들이 상호 연계, 협치해 또 다른 발전 가능성을 잉태하도록 교육에 대한 접근법을 근본적으로 바꾸어야 한다.

스마트폰을 비롯한 디지털 기기의 급속한 보급으로 다양한 정보원, 다양한 콘텐츠가 넘쳐나는 한편, 여전히 책을 읽어야 한다는 분위기도 강하게 존재한다. 고전과 현대 명저 등 책을 읽어야 지적으로 성장하며 삶의 진리를 발견할 수 있다는, 즉 책 읽기야말로 진정한 공부라는 생각이 폭넓게 지배하고 있다. 이는 우리나라뿐 아니라 세계 어느 사회든 마찬가지이다.

이러한 주장은 근본적으로 타당하다. 하지만 한편으로는 다소 유보적인 부분도 있다. 즉 학생들이 사고, 지성을 키우는데 책읽기만한 것은 없지만 책읽기가 주는 통찰력(직관력)과 상상력만으로는 현대 세계를 헤쳐 나갈 수 없고, 이를 보완할 수 있는 또 다른 지적인 역량들이 필요하기 때문이다. 가령 인간 지성의 또 다른 측면인 기획력(문제 설정 및 해결 능력)이라든지, 민주시민으로서 살아가는 역량에는 문화예술작품(체육활동 포함)의 감상 및 창조, 근대 과학적 실험과 전문적·체계적 경험(체험), 나아가 공동체적 삶의 개선을 위한 사회적 실천, 봉사 및 노작활동에의 참여 등 아주 다양한 교육활동이 필요하다. 즉 인지능력을 보완하는 사회능력과 감정능력(소통능력, 관리능력 등)도 필요하다. 따라서 학생들이 교과서에 종속된 공부를 넘어서 균형 있는 민주시민으로서 성장하기 위해서는 고전명저, 예술,

체험, 실천 등이 종합된 품격 높은 공부의 재료들이 제공되어야 한다.

그런 점에서 이탈리아의 미디어 전략가이자 저술가인 바기스(Mafe De Baggis)가 본인의 책벌레로서의 경험을 반성적으로 회고하며 2014년에 기고했던 글이 꽤 인상적이다. 그는 "국가적 경쟁력을 생각할 때, 책을 읽는 것은 문화적 건전성을 평가하는 한 가지 지표이기는 하나 유일한 지표는 아니다. 대신에 OECD가 국제적 성인역량(OECD Skills Outlook)으로 지적한 읽고 쓰는 역량, 독해의 기초적 역량, 수학적 사고력, IT를 활용한 문제해결 역량 등 4가지 역량이 중요"하다고 말한다. 이 시기는 교육 개혁의 한 가지 방안으로 소위 '역량(competence) 교육론'이 우리나라를 포함해 전 세계를 휩쓸던 때이기도 하다.

그런데 위에서 말한 역량 키우기가 어떻게 가능할지가 문제다. 수학 역량이나 IT 역량은 독서와 무관할까? OECD의 성인역량 기준은 국제화, 디지털화되는 시기에 매우 중요한 교육의 목표로 고민해야 할 지점이지만, 이를 어떻게 실현하는가는 어려운 과제다. 역량이란 사람들이 생각한 만큼, 즉 지성의 크기만큼 발휘되는 힘이다. 이러한 점에서 현대인의 삶의 역량을 키우는 중요한 출발점으로 우리는 역설적이게도 다시 책읽기에 주목할 수밖에 없다. 다만 책읽기는 '읽는 것(reading)'에 머물지 않고 그 내용을 비판적으로 음미해 '생각하는 것(thinking)'으로 나아가야 한다. 책의 권위에 눌리지 않고 그 속에서 자기만의 생각의 씨앗을 발견하는 것이 핵심이다. 우리 아이들이 책을 읽으면서 "제 생각은요…, 그 이유는요…,"를 자유롭고 편하게 말할 수 있어야 한다. 이를 통해 민주시민의 '역량', 글로벌 시대의 국제적 성인역량은 자연스럽게 성장할 것이다.

우리 학교 교육에서 미술교육은 주로 작품의 기법이나 정서적 측면에 초점을 맞추어 왔다. 이에 따르면 미술교육은 작품 '그 자체'에 골똘히 '천착'하거나 이를 '따라 그리거나 만들어 보는' 것이 중요하다. 우리의 중고등학교 시절, 미술시간에 4B연필로 비율을 계산해 석고상을 그대로 옮겨 그리는 것을 스케치의 표본으로 생각했던 것처럼 말이다. 물론 학교 현장에서 훌륭한 교사들의 새로운 시도가 부단히 이루어지고 있지만, 그간 우리 미술교육에서 학생들의 '생각'은 그다지 중요하지 않았다.

오늘날 유럽과 미국의 주요 미술관(박물관)들에서 이루어지는 미술교육은 그 자체가 대단한 경험적 공부이며 이를 통해 학생들이 생각의 힘, 즉 상상력과 비판적 사고, 스토리텔링 능력을 획기적으로 키울 수 있도록 기획되고 있어 우리 미술교육에 참고할 수 있다. 2012년 뉴욕의 '메트로폴리탄 미술관(Metropolitan Museum of Arts, Met)'의 교육부문을 방문했을 때, 미술관은 그들의 교육목표가 학생들의 '비판적 사고'의 증진이며 문화예술 작품 감상을 통해 학생들이 역사, 신화, 종교, 문화교류, 사회계층과 사회적인 삶 등을 꿰뚫어 보는 능력을 키우는 것이라고 설명했다.

이와 관련해 뉴욕타임즈에서 '맨하탄 어린이 미술관(the Children's Museum of Manhattan)'의 재미난 기획이벤트를 보도하고 있는데 매우 흥미롭다. 이 미술관은 몇 달 전 '미술, 미술가와 어린이(Art, Artists & You)'라는 갤러리, 스튜디오, 작업실이 어우러지는 어린이 대상의 혁신적 전시회를 열었다. 4명의 전문 미술가들이 상주하면서 그들의 작품을 전시하고 아이들이 작가들과 함께 재료를 가지고 실제로 작품을 만들어보도록 하는 것이다. 이곳에서 미술가 선생님들은 요정이야기, 연금술사 흉내내기 등 흥미를 끌어내면서 아이들을 작품(창조)의 세계로 이끌어 준다.

그런데 아이들이 작품을 '보는 것', '만들어 보는 것'도 중요하지만 더욱 중요한 것은 아이들이 감상과 작업을 통해서 무엇을 생각하게 되었는가다. 이를 위해 기획 전시는 첫째 아이들의 상상력을 자극하고, 둘째 문화적 다양성을 포함해 주제의식을 갖도록 하고, 셋째 예술의 사회적 측면을 생각하도록 해 아이들 내면에 있는 비판적 사고를 부단히 자극하는 것을 목표로 한다. 이를 통해 아이들은 예술작업을 단순한 조립행위로 받아들이지 않고 자신만의 '이야기 만들기(storytelling)'로 나아갈 수 있다.

미술교육은 아이들의 삶을 따뜻하고 풍요롭게 하면서, 동시에 아이들이 세계를 발견하고 스스로를 독립적인 주체로 세워 나가는 가장 주요한 통로의 하나이다. 예술 작업의 목적과 의미는 무엇인지 질문하면서 자신만의 이야기(스토리텔링)를 만들도록 하고, 어린이들이 다람쥐 쳇바퀴같은 기술적 훈련이 아니라 스스로의 생각 키우기를 통해 나선상의 발전(grow in a spiral)을 하도록 해주는 것이 중요하다. 앞으로 우리 학교에서 미술교육이 지향해야할 방향이다.

놀이와 생각

최근 몇 년 유아교육에서 놀이 중심 교육과정이 중시되고 있다. 그러나 일각에서는 조기교육 열풍과 더불어, 유아시기부터 외국어학습 등에서 조기교육(formal schooling)의 필요성이 끊임없이 제기되고 있다. 특히 영어 조기교육은 특유의 사교육 열풍과 결합하면서 학부모들의 조바심의 대상이 되고 있다.

해외에서 진행된 다양한 조사에 따르면, 주입식 조기교육은 장점보다 폐해가 더 크다. 영국에서는 5, 6세 유아교육 과정에 수학과 문해력 등 공식 교육과정이 도입되면서 다양한 폐해가 발생하고 있다. 현장교사의 보고에 따르면 아이들은 시험을 의식하여 경쟁적이 되고, 수동적이고 지루한 학습의 악순환에 빠지면서 인성마저도 위태로워진다. 또한 뉴질랜드의 한 조사에 따르면, 문해 교육을 5세에 시작하나 7세에 시작하나 차이가 없으며 도리어 조기교육이 학습에 대한 부정적 태도를 갖게 한다.

반면 덴마크의 그 유명한 '숲의 유치원'은 꽉 짜인 암기식 수업이 아니라 순간순간 주어진 자연환경을 활용해 교사와 어린이들이 민주적이며 자유로운 대화를 통해 놀이학습을 하는 것으로 유명하다. 즐거운 놀이를 통해 아이들은 생각을 키우고 자립적인 시민으로 성장한다. 이런 전통 때문인지 유럽에서는 2013년에 핀란드, 덴마크, 스웨덴 등 조기교육 전문가 130여 명이 모여 공식교육(formal schooling)을 7세 이후로 연기하고 놀이를 유아교육의 중심으로 세우기로 결의했다. 이러한 분위기 속에서 2012년에는 놀이에 기반한 조기기초단계(Early Years Foundation Stage) 교육과정이 채택되었다. 그에 따르면, 놀이학습은 ① 어린이들이 원하는 바를 중심으로 교육과정을 주도하도록 하고 ② 어린이들이 놀이의 자원과 세팅, 방법 등을 선택하도록 하며 ③ 교사는 안내와 더불어 배움의 기회 확대를 위해 개입하지만 인내를 가지고 아이들의 주체적 성장을 지켜보는 것으로 요약된다.

놀이를 통해 아이들은 상황 속에 놓인 자신을 파악함으로써, 생애 최초로 비판적 사고와 공감적 상상, 나아가 사회속의 민주적 시민으로서의 자세 등 생각의 움을 틔우게 된다. 이러한 놀이교육의 높은 단계 중 하나가 우리 교육에서는 도입되고 있지 못하지만, 유럽의 초중등 교육에서 선호되는 드라마(연극) 교육이다. 최근 우리도 놀이교육에 대해 고민하고 현장에서 실천하는 전문가들, 그리고 전문가보다 더 전문가인 학부모들이 늘어나고 있다. 그분들이야말로 바쁜 우리 학교에 숨쉴 틈을 주고, 건강한 생각을 갖는 자립적 주체를 키워내는 새 교육의 개척자이다. 유아와 어린이들이 즐거운 놀이들을 통해 사회적 발달을 증진시키고 미래를 위해 필요한 새로운 삶과 생각에 주도적으로 대응할 수 있게 도와주는 다양한 놀이교육을 공교육에서도 적극 지원하고 꽃피워줄 때가 되었다.

체육수업을 다시 생각하며

체육수업의 기억이 성인의 운동습관을 결정한다. 운동을 통해 몸과 마음의 건강을 유지하고 경쟁 속에 협력하는 동료의식을 키워 나가는 것은, 운동이 주는 특별한 축복이라 할 수 있다. 그러면 어떻게 운동을 일생동안 지속할 습관으로 정착시킬 수 있을까?

이와 관련하여 올해 미국의 저명한 스포츠학술지에 발표된 한 연구결과에 따르면, 어릴 적 체육수업에 대한 기억이 성인들의 운동태도를 결정한다고 한다. 즉 학창시절의 체육수업에 대한 감정이 성인이 된 후 운동에 대한 감정,

그리고 몸을 움직이는 것을 좋아하는지 등의 태도에 영향을 미친다는 것이다. 물론 원래 운동을 싫어하는 학생이 체육수업도 싫어할 수 있으므로 이 주장만이 절대적으로 옳다고 할 수는 없다. 그러나 운동에 대한 기억(느낌)이 운동을 시작할지 멀리할지를 선택하는데 대단히 큰 영향을 미친다는 사실 하나만은 연구에서 분명히 확인해주었다. 즉 사람들의 운동 동기를 이해함과 동시에 학생들에게 어떻게 운동을 시작하도록 할지 생각하는 계기를 마련해준 것이다. 그러므로 성인들의 건강을 좌우하는 운동에 대한 전향적인 이미지를 심어 주기 위해서도 학교 체육교육 프로그램에 대한 근본적 사고방식을 변화시킬 필요가 있다.

어린이에게 운동에 대한 흥미를 유발시키기 위해서는, 체력테스트나 경쟁에만 역점을 두기 보다는 팀을 무작위로 뽑아서 다양하게 몸을 움직이도록 할 필요가 있다. 특히 기존의 축구나 농구 같은 운동 외에 대안적으로 댄스나 요가, 정원작업과 같은 다양한 활동을 도입하는 것도 좋다고 연구자들은 추천하고 있다. 세간에서 스포츠라 불리지 않는 것도 포함해서 어린이들이 몸을 움직이는 것의 즐거움을 느낄 수 있도록 보다 많은 선택지를 줄 필요가 있다. 어린이들이 체육수업을 즐거운 것으로 기억하며 운동을 사랑하는 건강한 성인으로 커가는 것, 이것은 성인이 되어서도 건강한 몸에 깃든 건강한 정신을 스스로 가꾸어 가는 출발점이다.

생각하는 공부, 생각을 키우는 공부

10월 9일은 세종대왕이 훈민정음을 창제한 한글날이며, 10월 11일은 팔만대장경 완성한 날을 기리는 우리나라 책의 날이다. 독서와 생각의 계절인 10월, 뜻깊은 두 개의 기념일이 연이어 있다. 한글날과 책의 날은 우리 시대의 올바른 시민을 키워내는 교육에 대해서도 근본적이고 핵심적인 방향을 다시 일깨워주는 날이기도 하다. 세종대왕은 훈민정음 어제서문(御製序文)에서 백성에게 문자라는 수단을 주어 스스로의 생각을 펼치게끔 하려는 위민정신을 천명했다. 책의 날은 의외로 많이 알려져 있지 않지만, 한글문화와 지성을 전승하는 우리 인쇄문화를 기리고 창달하기 위해 유네스코 세계 '책의 날'보다 무려 8년이나 앞서 제정되었다.

말과 글은 한 사회의 지혜, 정보의 핵심적 원천이다. 책을 통해 표현되고 전수되는 인류의 지성은 학생을 우리 시대의 주인이자 창의적 주체로 성장시키는 교육의 가장 중요한 바탕이 된다. 이 과정에서 발전하는 비판적 사고야말로 세계를 바라보는 정신의 눈을 계발하고 인간을 더 자유롭게 만들어주는 계기가 된다. 한글날과 책의 날은 대중이 말과 글 그리고 지식을 보편적으로 누려 스스로 독립적 지성을 키우고 자유를 확대하는 길이 곧 시민이 주인 되는 민주주의를 더욱 발전시킬 방향임을 일깨워주는 날이기도 하다.

이 뜻깊은 기념일에 되새겨볼 일은 올바른 책읽기, 말하기(토론하기), 표현하기(글쓰기)를 중심으로 한 체계적인 문해력 교육이다. 교육부 발표를 보면 국민의 20% 정도가 일상생활에 필요한 수준의 문해력을 갖추지 못한 것으로 나타났다. 학교 현장은 더욱 복잡한데, 교과서를 이해할 수 없을 정도로 독해력 수준이 낮은 학생 비율이 전체의 30%대에 달하며, 의약품 설명서를 이해하지 못하는 '문해가 매우 취약한 수준' 역시 38%로 경제협력개발기구(OECD) 국가 가운데 하위권이다.

OECD는 "문해력은 단순히 단어와 문장을 읽고 해독하는 것을 넘어 복잡한 텍스트를 읽고 해석하고 평가하며 활용하는 능력까지 모두 아우른다"고 정의한다. 이러한 점에서 학교의 정규교과의 기초학력으로서 독서와 토론, 글쓰기 교육이 더욱 체계적으로 추진되어야 한다.

나아가 인류 지성의 축적인 고전과 명저 독서와 토론을 정규 교육과정에 직접적으로 결합시키는 노력을 적극적으로 기울일 필요가 있다. 학생의 사고를 기능주의적으로 제약하는 암기와 문제풀이 교육에 쫓겨 우리 사회 주권자인 시민으로서 독립적 지성과 비판적 생각을 키우는 참된 교육을 못하는 어리석음에서 이제는 벗어나야 한다. 이를 위해 우선은 정규교과에서 명저읽기와 토론, 글쓰기 연관항목을 대폭 늘려야 한다. 더 나아가서 동서고금의 고전과 명저를 교육과정에서 직접 운영하기 위해 2012년~2015년 화성시 창의지성교육지원센터에서 진행했던 "위대한 업적(Great Works)"과 같은 연구 결과를 참조해 권위 있는 종합적, 학교급별 고전 명저 독서토론 프로그램을 발전시켜야 한다. 그리고 이를 뒷받침하기 위해 동서고금의 고전과 명저의 올바른 번역 및 출판지원 프로그램을 대대적으로 운영할 필요가 있다.

이렇듯 읽기, 말하기, 쓰기 등 필수 문해력 교육, 그리고 독서토론을 전면적으로 활용한 비판적 사고 교육을 위해서는 국가교육과정의 혁신이 필요하다. 교과서 위주로 지나치게 상세한 교육목표를 제시하고 이에 대한 진도와 평가를 국가가 독점적으로 관리하는 교육과정체계는 근본적으로 재검토되어야 한다. 신자유주의 시기 국가노동력의 경쟁력 제고를 위한 '국가교육과정'(National Core Curriculum)의 관점은 교육을 기능적으로 표준화하는 데 초점이 맞추어져 있고, 노동력–인적 자원의 기능적 역량을 높이는 데 중점을 둔다. 그러나 오늘날은 이미 탈신자유주의 4차 산업혁명의 시기에 접어들었다. 이에 걸맞은 비판적 사고능력, 통찰력과 창의적인 기획 능력은 국가의 중앙집권적 지휘 하에 길러질 수 없다.

이러한 점에서 국가교육과정은 교육의 시대적 방향과 철학, 거시적 목표, 민주적 기본원리를 제시하고 교육생태계를 지원하되, 구체적인 교육과정의 설계와 편성권, 그리고 그 운영책임은 과감하게 광역 및 기초지역 차원의 교육행정, 학교로 대폭 넘겨야 한다. 4차산업혁명 시대에 맞는 교육은 '분권자치'형 교육이고, 현장의 학생과 교사, 학부모, 그리고 교육전문가들의 창의성과 지혜가 다양하게 발휘되는 교육이어야 한다. 나아가 교육의 방법과 내용 면에서도 단편적 지식과 개념의 이해, 암기, 적용 등 피상적인 행동주의(behavioralism) 목표에 집착하는 교육을 지양하고, 통찰력, 기획력, 민주시민의 삶의 역량 등 학생의 주체적 생각을 성장시키는 교육으로 일대 혁신이 필요하다. 독서와 체험, 문화활동 등을 정규 교육과정에서 적극적으로 다루고 토론과 글쓰기 등 다양한 표현 방식을 통해 스스로의 생각을 키워나가는 격조 높고 선진적인 공부로 전환을 추진해야 한다.

10월 9일 한글날과 10월 11일 책의 날이 우리 교육에 주는 가장 커다란 교훈은 학생을 교육의 주체로 세워내라는 것이다. 이를 위해 독서와 토론, 올바른 글쓰기가 학교 교육의 중심으로 자리잡아 학생 스스로의 생각을 발전시켜 가도록 교육과정에 의미있는 공간이 주어져야 한다.

한글날과 책의 날의 의미를 새기며 우리 교육을 '생각하는 공부, 생각을 키우는 공부'로 대전환하기 위해서는, 먼저 우리 말과 글을 발전시키기 위한 올바른 책읽기, 말하기(토론하기), 표현하기(글쓰기)를 중심으로 체계적인 문해력 교육이 필요하다. 그리고 암기교육을 지양하고, 비판적 사고와 통찰력, 삶의 기획 능력을 키우는 고전과 명저 독서토론 교육을 정규 교육과정의 중심에 위치지워야 한다. 나아가 필수 문해력 교육과 독서토론 및 비판적 사고교육을 위해 국가가 독점해온 교육과정의 편성과 운영권을 광역 교육자치단체 및 일선 학교로 대폭 이관하는 분권자치형 교육으로 전환이 필요하다.

7. 민주주의학교

디지털 기술혁명과 미디어 여론생태계의 변화로 많은 선진 민주주의국가도 민주주의의 위기를 겪고 있다. 디지털 기술은 참여의 다양화와 정보의 민주화를 이루어냈지만, 다른 한편으로 민주주의를 위험에 처하게 할 수도 있다. 선거 시기마다 극심해지는 가짜뉴스와 허위정보는 이제 일상의 정치과정에도 영향을 미친다. 최근 코로나 팬데믹을 극복하는 과정에 가장 큰 위협은 가짜뉴스와 허위정보였다. 디지털 기술 발전으로 등장한 다양한 매체들과 그것이 작동하는 알고리즘 자체가 우리를 잘못된 정보로 이끌 수 있으며, 이는 현대 민주주의의 가장 치명적 위험이 되고 있다.

지금 세계가 그리고 우리 사회가 당면한 대전환기의 위기와 과제들에 대응하기 위해서 무엇보다 중요한 것이 민주주의적 가치이다. 일찍이 독일 바이마르 공화국의 초대 대통령 프리드리히 에버트(Friedrich Ebert)는 "민주주의는 민주주의자 없이는 불가능하다."고 했고, 노무현 대통령은 "민주주의의 최후 보루는 깨어있는 시민의 조직된 힘"이라고 강조한 바 있다. 민주시민은 저절로, 자연발생적으로 성장하는 것이 아니라, 시대정신과 민주주의에 대한 사회적 신념과 합의에 기초해 사회적으로 '형성(bilden, Bildung)'된다. 이제는 그 민주주의적 시민형성의 과제를 학교가 적극적으로 수행해야 한다. 그런 점에서 대전환시기 학교는 '민주주의학교'가 되어야한다.

디지털 시대의 프로파간다에 의해 조종되는 디지털 우중이 아니라 독립적으로 생각하고, 결정하고, 행동하는 스마트시민이 되어야한다. 이를 위해 민주주의학교는 한편으로는 실제 교육내용이기도 하지만, 다른 한편으로는 학교의 운영철학과 행정적 절차, 그리고 교육과정을 의미하기도 한다. 학교의 교육과 가치가 민주주의학교여야 하는 이유는 우리 사회의 미래 주권시민을 키우는 가장 중요한 시기이자 공간이 학교이기 때문이다.

먼저 민주주의 학교에서는 시민으로서의 비판적 사고를 키우고, 인문학, 사회과학, 과학기술의 교육을 통해 통찰력과 기획력을 키우며, 지성, 정의, 실천, 연대 등 시민적 덕성을 발전시킴으로써 독립적이면서 연대하는 종합적 교양인으로서의 시민을 키워내는 새로운 교육방향이 요구된다. 이러한 교육의 방향은 정규교육과정 외부에 부가적으로 추가되는 요소가 아니라, 정규교육과정 내에 가장 중요하고 핵심적인 부분으로 자리매김되어야 하고 전체교과의 기본적 가치와 철학으로 자리잡아야 한다. 이를 위해 민주주의 학교의 교과개발 또한 반드시 필요하다. 종래의 교과구분에 새로운 것을 추가하는 방식이 아니라 대전환시대를 준비하기 위한 근본적 개혁이 필요하고, 이는 반드시 민주적으로 진행되어야한다.

또한 민주주의학교는 학교의 주체들 모두가 민주적인 결정구조에 참여할 수 있도록 하고, 그 속에서 민주주의를 살아가도록 하는 것이 중요하다. 학생회, 교사회, 교직원회, 학부모회 등 각각의 단위 내에서 민주적 참여와 결정을 보장하고, 나아가 각각의 단위를 대표해 학교의 운영과 교육과정 편성운영에 민주적으로 참여할 수 있도록 해야 한다. 그리고 이들 단위들은 학교운영의 최고심의기관으로서 학교운영위원회에 대표를 파견할 수 있도록 해야 한다.

그리고 학교장 공모제와 선출제를 적극적으로 도입하고, 학교장은 학교구성원들의 민주적 결정에 기초해 리더쉽을 행사하도록 해야 한다. 이울러 학교 공동체의 구성원 모두는 각자가 민주적 결정의 주체이지만 동시에 각각은 집합적으로 이루어진 결정을 존중하고 이를 수호, 실천하는 책무를 갖는 점 또한 분명히 해야 한다. 이러한 점에서 민주주의학교는 학생을 교과서적으로 교육해서 '미래시민'을 양육시킨다는 '단계론적' 교육론에 기초하는 것이 아니라, 그 자체가 민주주의 국가의 최소 생활단위이며 그 속에서 구성원들이 민주적으로 토론하고 논쟁하고 합의하는 '살아있는 민주공동체'다.

나아가 민주주의학교에서 놓쳐서는 안되는 것은 평등과 인권의 과제를 구현해내는 것이다. 교원과 학교구성원에 대한 민주시민교육은 물론, 학교에서 구성원이 민주적 소통을 통해 의사결정을 하고, 혐오와 차별과 싸우고 평등, 연대의 가치를 추구하도록 학교를 민주적 공동체로 재구성 해야 한다.

더불어 오늘날 민주주의학교에서 더욱 중요해지고 있는 것은 노동인권, 노동존중의 가치다. 그 이유는 두 가지다. 하나는 학생들이 날이 갈수록 노동시장에 폭넓게 노출되고 있고, 다른 하나는 학교 공동체 그 자체가 다양한 교육노동의 현장이기 때문이다. 이와 관련해 우선 중요한 것은 '학교부터 노동인권교육'이다. 다양한 알바 및 플랫폼 노동에 노출된 학생들과 현장실습 등 노동현장에 인접한 특성화고 학생들은 스스로 지켜야 할 법적 권리를 모른 채 임금을 부당하게 떼이거나 갑질 등 부당한 대우에 시달리며, 때로는 준비도 안된채 위험한 임무에 내밀려 목숨마저 잃고 있다. 이제 학생들에 대한 노동인권교육은 노동과 일의 철학을 일깨움과 동시에 처참한 인권사각지대에서 스스로를 지키도록 하는 중요한 방패가 된다.

아울러 학교공동체는 다양한 교육노동이 일하는 공동공간이다. 이런 점에서 학교는 노동인권에 대한 개념과 관념을 교과서적으로 일깨우는데 머물지 않고, '노동존중 민주주의'의 질서를 만들어나가고 삶으로 함께 살아가는 공간이 되어야 한다. 일하는 사람으로서의 공통성을 자각하면서, 차별과 갈등이 아니라 상호존중과 연대의 정신이 살아숨쉬는 공동체인 것이다. 이 출발점으로서 교사부터 교직원, 공무직에 이르기까지 학교구성원 모두는 상호존중과 연대의 가치 위에서 이해충돌을 조정하고 학교공동체의 민주주의를 바로 세울 수 있도록 노력해야 한다.

혁신교육의 영향으로 이제 학교안팎에서 '학교민주주의'라는 말이 많이 사용되고 있다. 하지만 처음 '학교민주주의'를 도입했던 필자의 취지와는 달리 용어로만 활용되고 있는 것은 아닌지 우려된다. '학교민주주의'가 원래 지향하려고 했던 민주적 공동체와 민주적 생태계를 구현해내는 올바른 화두가 되기를 바란다.

기본소득과 민주주의, 그리고 교육

4차산업혁명 시대에는 기본소득과 더불어 창의지성을 키우는 민주시민 교육이 필요하다. 4차산업혁명의 핵심인 인공지능 시대에는 실업과 불안정 노동이 일상화되는데 시민의 삶을 보장하기 위해 '보편 기본소득'이 주어져야 하며, 동시에 민주시민으로서의 삶을 뒷받침하기 위해 창의성, 인문학 지성, 예술 역량, 민주주의 역량 등을 키우는 창의지성교육이 뒷받침되어야 하기에 이 세가지는 함께 갈 수 밖에 없다.

우리 시대를 꿰뚫는 과제는 불평등과 4차산업혁명인데, 심화되는 불평등 위에 전개되는 인공지능 혁명은 경제 양극화와 삶의 불안정화, 그리고 정보독점과 민주주의의 위기를 가속화시킨다. 기본소득은 시민을 경제적 궁핍과 속박에서 벗어나게 하고 일종의 여유를 제공해 민주주의의 최소 조건을 열어준다. 정치·사회 참여수당, 주권자 정치배당 등 공공선을 위한 기본소득은 민주주의 발전을 위한 새로운 도전이며, 국토, 기후, 소득, 지식 등 공유부에 대한 인식을 확대하기 위한 민주주의 운동에서 '기본소득 국민운동본부'와 같은 조직의 역할은 그만큼 더 중요해질 것이다.

동시에 앞으로 기본소득과 교육은 통합해서 나아가야 한다. 인공지능시대는 실업 및 노동의 불안정화, 지식정보 및 노동의 기계화, 글로벌 디지털 기업의 독과점적 지배 등의 특징을 갖는다. 이러한 상황에서 주어지는 기본소득은 ▲직업역량 재교육 ▲인문학·교양·예술 역량 함양 ▲지성·기획·실천·연대 역량 강화 등 미래시대 주권자 시민으로 도약하기 위한 새로운 교육을 필요로 한다. 혁신교육 초기 경기도의 창의지성교육에 기반하면서도, 미디어문해력과 디지털문해력 등 복합적 문해력(multi-modal literacy)을 포함하는 '4차산업시대의 민주시민교육·창의지성교육'으로 나아가야 한다.

　한편 기본소득의 공동부 개념을 중심으로 학교 경제교육의 방향을 사회적 경제, 경제민주주의의 관점에서 재설정하고, 매점, 햇빛발전소 등 학교 사회적 기업을 통해 기본소득을 체험할 수 있도록 하는 것도 중요하다. 기본소득은 민주주의의 기초를 열고, 교육은 그 주체인 민주주의자, 민주시민을 기른다. 이런 점에서 기본소득과 민주시민 교육은 함께 갈 수밖에 없는 이 시대의 양대 화두다.

사립학교법 개정과 사립학교의 공공성 강화

2021년 8월 '사립학교 교원의 신규 채용 시 공개 전형에 필기 시험을 포함하고, 이를 시도 교육청에 의무 위탁하고, 사립학교 학교운영위원회를 자문기구에서 심의기구로 격상'하는 내용의 사립학교법 개정안이 국회를 통과했다. 초 · 중등 사립학교 운영의 공공성과 민주성을 강화하고 사학비리를 방지할 장치를 마련했다는 점에서 매우 의미있는 법률 개정이라 할 수 있다.

이번에 개정된 사립학교법은 사립학교가 교사 채용을 위한 공개전형을 진행할 때 반드시 교육청에 1차 필기시험을 위탁하도록 한 내용을 담고 있다. 사립학교의 교원 채용을 둘러싼 구조적 · 반복적 부정과 비리를 해결하고 미연에 방지하는 것을 목적으로 한다. 사립 초 · 중 · 고등학교 교사의 임금을 국가가 지급하는 만큼 사립학교가 응분의 공공적 · 민주적 책임을 다하도록 감독해야 한다는 취지다.

물론 종래 사립학교법 시행령에 교원을 채용할 때 공개전형은 임용권자가 실시하지만 이를 시 · 도 교육감에게 위탁할 수 있다고 권고하고 있고, 시 · 도교육청이 1차 필기시험에 한해 위탁채용을 실시하고 있다. 위탁채용 비율은 2016년 29%에서 2020년 64.6%까지 증가했지만, 아직 35% 남짓은 공적인 감시망을 벗어난 채용을 하고 있다. 당연히 여기에서 부정과 비리가 싹튼다. 이에 따라 사립학교 교사 채용 비리가 계속되고 있다. 8월 17일 경기도교육청은 성남지역 사립학교를 정규교사 채용 비리 의혹으로 경찰에 고발 조치했다. 2020년에는 평택의 사학재단이 정규직 교사 채용시험에서 거액의 돈을 받고 문제지를 사전 유출해 부정 합격시킨 일도 적발되기도 하였다.

이번 법 개정은 사립 초 · 중 · 고등학교 운영의 공공성을 강화하고, 교육의 질과 품격을 획기적으로 향상하기 위해서 꼭 필요하다. 역량 있고 교육자의 자질이 뛰어나며 민주적인 가치관을 가진 교사가 사학 현장으로 진출할 수 있도록 하는 최소한의 장치기 때문이다. 교원 채용의 부정과 비리는 학교 교육의 질과 품격을 떨어뜨리고 그 피해를 고스란히 학생들에게 전가한다. 사립학교의 교원 임용에 대한 공적인 감독은 교육 현장의 투명성을 강화하고 품격 높은 교육으로 학생의 학습권을 보장하기 위해 국가가 마땅히 져야 할 공공적 책무다.

개정 사립학교법의 또 하나의 주요 내용은 학교운영위원회를 자문기구에서 심의기구로 격상하는 것이다. 학교법인의 회계나 예 · 결산을 학교운영위원회의 심사를 거치도록 하겠다는 내용이다. 이는 사립학교의 운영을 더 투명하게 하고, 학교 구성원과 지역사회의 민주적 관여를 가능하게 하려는 취지다. 우리 헌법은 모든 국민의 차별 없는 교육권을 보장하고 있고, 그 바탕 위에서 교육기본법은 교육과 학교의 공공성 원리를 명시적으로 추구하고 있다. 사립학교라 할지라도 '사유재산'이 아니라 교육의 공공성을 구현하는 '공적 기관'인 것이다. 학부모와 지역사회가 학교 운영에 참여하는 것(학교운영위원회)을 법적으로 보장하는 것도 이런 맥락이다. 사립학교도 예외일 수 없다.

그리고 이번 개정안에는 교육청 단위에 징계심의위를 설치해 교원징계 과정의 공적 균형을 확보하고, 아울러 사학기관의 청렴의무를 도입하고 구속력 있는 행동 강령을 제정하도록 함으로써 사학비리 가능성을 사전에 차단하고 투명성과 공정성을 강화하기 위한 획기적인 조치도 도입되었다.

그러나 사학의 이익을 대변하는 보수 정당, 사립학교 및 사학법인연합체, 교총 등 보수교원단체, 보수언론, 보수적 종교계 등은 이번 사립학교법 개정이 사학의 자율성을 근본적으로 침해하며, 사학을 획일적으로 통제해 사립의 존재 의미를 훼손할 것이라고 주장한다. 이는 근거가 박약한 논리다. 이번 법 개정은 국가가 투입하는 교육비만큼 최소한도의 공적 감독을 수행하고, 투명하고 민주적인 사학 운영을 유도하겠다는 것을 의미하기 때문이다. 도리어 이번 개정 사학법에서 도입하는 조치들은 사학에 제기될 수 있는 부정 및 불공정성 시비를 원천적으로 차단하고 불필요한 개입과 간섭을 최소화해주기 위한 사전조치로 이해할 수 있다. 나아가 일부 인사과정의 교육청 위탁, 학교운영위원회의 심의기능, 그리고 여타 투명·청렴 규정이 작동되더라도, 인사와 학교 운영의 최종 결정권은 여전히 사립학교 측에 있으므로, 건학이념이나 자율성을 해칠 것이라는 주장은 어떤 이유도 근거도 없다.

사립 교육기관 또한 교육이라는 공공적 일을 수행하는 기관이기에 공적인 책무성에서 예외가 될 수는 없다. 특히 국가로부터 공적 지원을 받는 경우 응분의 공적 감독과 민주적 통제를 받을 의무가 있다. 교육의 공공성과 민주성, 투명성을 강화할 이번 사립학교법 개정에 대해, 보수정당과 사립학교법인연합회 등 사학기관은 명분과 근거 없는 억지 주장을 즉각 중단하고, 민주적이고 건전한 사학창달에 나서야 한다. 교육은 공사립을 막론하고 국가의 백년대계를 결정하는 막중한 위상을 갖고 있다. 개정 사립학교법은 질 높은 교육을 실천하는 건전사학의 새로운 장을 열 것으로 기대한다.

군부독재 청산: 민주공화국과 시민의 과제

한국현대사에서 박정희·전두환의 군부독재 청산은 독재가 만들어낸 모순과 구조적 불평등, 억압체제를 해체하는 과정임과 동시에 민주공화국의 공통기초를 형성, 발전시키는 것이어야 하며 이를 지탱하는 시민공동체의 발전으로 비로소 완성된다. 1987년 민주화운동 이후의 87년 민주화 체제는 유신 체제를 청산하지 못하고 시민세력의 참여가 배제된 채, 독재의 후계세력들과 허약한 제도 야당이 타협하면서 등장했다. 이러한 87년체제는 1997년 본격적으로 도입된 신자유주의(IMF 체제)와 조우하면서, 민주공화제의 본격적인 위기국면을 초래했고, 그 위기를 극복하기 위한 2000년대 촛불운동을 낳았다.

2016 촛불시민혁명은 군부독재 잔영과 우리 사회 불평등을 청산할 절호의 기회였으나, 시민사회 역량의 한계, 탄핵제도로 인한 87년 체제내화, 정권 차원의 이해와 적폐청산 및 제도화의 제약 등 여러 딜레마 속에서 쇠퇴했다. 그 위에서 현재 한국의 민주주의는 새로운 도전에 직면하고 있다. 여전히 유신을 옹호하는 '비민주 공간'의 보수세력, 그리고 극심한 사회적 양극화와 불평등 속에서 발생하는 대중적 백래쉬(backlash) 등이 그 대표적인 사례다.

민주주의와 사회적 공공선 구축을 위한 합의정치가 필요한 지금, 진보와 보수를 넘어선 한국 민주주의의 역사적 가치에 대한 합의, 민주공화국 가치기반(공공선)의 확대, 사회복지의 획기적 확대를 통한 실질적 시민권의 보장을 위해 노력해야 한다. 나아가 민주주의를 공고화하기 위해서는, 시민 역량을 획기적으로 강화하기 위한 시민교육이 필요하다. 사회와 학교에서 국가폭력 및 유신독재와 관련된 비판적 역사교육은 물론 시민의 비판적 지성과 참여역량을 강화하는 시민 형성 교육이 중요하다.

4.19 혁명, 민주주의 그리고 교육

1948년 남한만의 단독정부 수립, 1950년부터 3년간의 한국전쟁, 그 위에서 지속된 이승만 독재까지. 상해 임시정부의 법통을 이어 "민주공화국" 대한민국 정부가 본격적으로 출범했지만, 안타깝게도 초기 정치의 모습은 분단과 독재였다. 이 굴곡의 신생 대한민국 시절, 시민이 나서서 스스로 주인임을 선언하고 민주주의의 이정표를 확실히 제시한 최초의 사건이 바로 4.19혁명이다.

그날 거리를 가득 메웠던 어린 학생들, 고등학생, 대학생, 그리고 시민들의 모습을 떠올려본다. 그들은 대한민국의 주인이 소수의 가진 자들과 독재 권력자가 아니라 다수의 민중과 시민임을 분명히 선언했다. 그리고 냉전과 분단 체제를 넘어서 자주적인 통일 민주국가로 나아가야 함을 주장했다. 4.19혁명은 대한민국이 진정한 민주공화국이어야 하며 국가의 주체인 시민의 자유, 행복, 공공복리를 추구해야 한다는 정의의 기준을 분명히 세운 날이다. 이런 점에서 4.19는 80년 광주, 87년 민주항쟁, 2016년 촛불항쟁으로 이어지는 우리 민주주의 역사의 원점이다.

60여 년 전 그날 거리로 나섰던 어린 중학생과 고등학생들을 생각한다. 국가폭력에 가혹하게 희생된 17세 어린 나이의 김주열 열사를 추념한다. 그들의 고귀한 희생과 실천이 있어 어두운 시대에도 후대들이 포기하지 않고 민주주의의 새로운 장을 열어갈 수 있었다. 4.19는 정의감에 불타는 청년학생들이 만들어낸 우리 민주주의 공동체의 서장(序章)이다. 대한민국의 민주주의는 부단히 청년학생이 선도적으로 일깨우고 심화시켜 왔다.

4.19 혁명은 기성세대가 만들어낸 지배적 사회통념이나 사적인 이익동기에 순종하면서 불의에 눈을 감아버리는 학생들이 아니라, 자신의 머리로 사고하고 사회의 정의와 공동체의 행복을 위해 책임 있게 발언하고 연대하는 진정한 '학생시민'을

성장시켜야 한다는 진취적인 화두를 우리 교육에 던지고 있다.

우리 현대사는 민주주의를 확장하기 위한 시민의 역사이기도 하다. 그러나 촛불혁명까지 거친 오늘날, 우리는 민주공화국의 기본 가치에 대한 구성원들의 상호동의(consensus)가 대단히 불완전함을 깨닫게 된다. 우리 현대사 속에서 일궈온 민주주의의 가치를 오늘날의 학생들, 우리의 미래세대들은 얼마나 공유하고 있을까? 그들에게 4.19, 80광주, 87항쟁은 아주 까마득한 옛날 이야기이거나 관심밖의 일, 아니면 아예 모르는 일일 수도 있다. 그만큼 세대 간의 가치관, 시대인식의 차이 또한 대단히 클 수밖에 없다.

기성세대의 가치관을 주입하자는 것이 아니다. 민주주의는 그 자체가 주입될 수 있는 것이 아니며, 생각하면서 주인으로 살아가는 것이다. 우리 민주화 운동의 역사적 의미를 성찰하고 시민이 가져야 할 지성, 정의, 실천, 연대의 가치와 철학이 교육 속에서 자연스럽게 살아나도록 우리 교육 전체를 점검하고 재구성할 필요가 있다. 우리 교육은 이제 스스로 민주적 삶을 사는 깨어 있는 시민, 그리고 독립적, 비판적으로 사고하고 실천하는 민주적 지성인을 '형성(Bildung)'하는 것을 목표로 해야 한다. 그리고 학교 공동체 안에서 학생들이 주체 시민으로서 일상의 민주주의를 살아갈 수 있도록 보다 발전된 학생 자치를 온전히 보장해야 한다. 4.19혁명은 바로 오늘 우리 교육 속에 살아있어야 한다.

8. 아이를 키워주는 교육 그 이상의 학교

사회적 불평등이 심화되고 부모 모두가 경제활동에 참여할 수밖에 없다면, 학교는 수업만을 하는 공간으로 남을 수 없고 중층적 복지와 돌봄, 방과후를 포함해 아이들을 종합적으로 키워주는 공간이 되어야 한다. 학부모들은 학교에서의 돌봄에 대해 커다란 기대를 갖고 있다. 학교가 가장 신뢰할 수 있고 안전한 공간이기 때문이다.

이제 학교는 교육 이상의 성장의 공간, 즉 교육과 종합적 복지가 어우러져 '아이들을 키워주는' 공간이 될 수밖에 없다. 세계 최저의 출생률은 여기서 멈추는 것이 아니라 더 하락할 수도 있다. 아이들을 이제 국가가, 사회가 키워주고 교육해주어야한다.

스웨덴의 야간 방과후 학교 모델은 한국에도 많은 시사점을 준다. 스웨덴에서는 부모가 근무시간으로 인해 야간에 자녀를 돌보지 못할 경우 야간에도 어린이를 돌보는 서비스를 제공한다. 이 방과후 학교는 직원 교육 등 특수한 사유로 며칠 휴무하는 것 외에는 연중 개원을 하며, 모든 방과후 학교가 아니라, 1~2개 지역에 한 개씩 24시간 운영하는 제도이다. 학부모는 필요시 자녀를 동 센터에서 자게 한 후 다음 날 데려올 수도 있다. 교사 이외 지역 부모들이 자원봉사의 형태로 참가해서 학생들을 지원한다.

한국의 초등돌봄교실은 학부모의 수요에 비하면 턱없이 부족하고, 그 운영시간 또한 짧아서 개선을 요구하는 목소리가 많다. 돌봄이 이루어지는 학교 안에서도 돌봄전담사들의 짧은 근무시간, 돌봄을 둘러싼 권한 및 책임의 불분명성, 돌봄에 대한 독립적 관리체계의 부재로 교사들에게 일부 돌봄 및 행정업무의 전가가 이루어져 왔다. 이로 인해 돌봄을 둘러싼 교사들과 전담사들 간의 갈등이 빈발하였고, 급기야 교사단체는 돌봄관리의 지자체 이관까지 주장하기에 이르렀다.

이런 상황에서 2021년 8월4일 교육부가 초등돌봄교실의 운영상의 문제점을 개선하기 위한 방안을 발표했다. 교육부는 초등돌봄의 주체를 학교로 확인하면서, 2018년부터 22년까지 매년 700교실씩 3,500교실을 확대하는 중에 있고, 특히 대도시 밀집지역에 대해 확대방안을 집중적으로 모색하겠다고 약속했다. 이것은 학교돌봄에 상대적으로 큰 신뢰와 기대를 갖고 있는 학부모의 요청에도 긍정적으로 화답한 것이다. 나아가 돌봄의 종료시간 또한 오후 7시까지 연장 운영하겠다고 함으로써, 경제생활로 인한 학부모들의 고민을 덜어주었다. 나아가 초등고학년을 중심으로 한 방과후연계형 돌봄, 교육(지원)청이 주관하는 거점돌봄기관과 같은 초등돌봄의 체계화를 위한 진일보한 문제의식 또한 제시한 바 있다.

그러나 학교돌봄의 교육적 위상, 그것의 관리 및 거버 넌스 구조는 명확히 정비되어야 한다.

첫째, 주 40시간 전일제를 체계적으로 확대해 돌봄의 준비와 실행, 마무리, 그리고 행정업무까지 전과정을 전담 사들이 맡도록해야 한다. 그래야 돌봄의 질이 개선되고 교 사에 대한 업무전가를 중지할 수 있다.

둘째, 초등돌봄에 대한 돌봄전담사 중심의 행정지원체 제를 보다 명확히 구축할 필요가 있다. 종래 논란을 야기하 던 관리자-담당교사-돌봄전담사로 이루어지던 행정체계 를 지양하고, 돌봄전담사들의 권한과 책임을 분명히 규정 하고 초등돌봄교실의 독립적 운영 및 관리체제를 앞당겨 도입해야 한다.

셋째, 지난 10년간 초등돌봄교실은 두배 이상 증가했 고, 앞으로도 초등돌봄의 수요는 더욱 커질 전망이다. 나아 가 학교돌봄은 방과후 등 다양한 교육프로그램과 연동되어 발전해갈 수밖에 없다. 이런 점에서 학교돌봄의 교육적 측 면이 커질 수밖에 없다면, 초등돌봄은 교육적, 철학적 관점 에서 보다 적극적으로 재구성되어야 할 것이다. 나아가 이 러한 방향성은 돌봄전담사의 연수에도 적극적으로 반영되 어야 한다. 이것은 돌봄 프로그램의 다양화, 그리고 질적 향상을 위해서도 반드시 필요한 일이다.

9. 코로나 감염병, '잃어버린 교실 세대'를 위하여

역설적으로 코로나19는 학교가 얼마나 아이들에게 성장공동체로서 중요한 공간인지 확인시켜주었다. 이른바 '코로나세대'로 불릴수 있는 학생세대는 학력과 정서면에서 심각한 타격을 받고있다. 이 아이들에 대한 맞춤형 교육과 치유프로그램이 필요하다. 이를 통해 아이들이 다시 건강하게 학교 교육과정 속에 결합될 수 있도록, 그리고 또래들과의 교류를 통한 공동체성을 회복할 수 있도록 전면적이면서 체계적 대응이 우선적으로 필요하다. 코로나19가 남긴 그리고 현재 진행형의 과제는 국내외적으로 분야별로 엄청나지만, 교육결손은 한 세대가 경험한 전혀 새로운 교육환경으로서 철저한 조사와 대응책 마련이 필요하다.

주요국들도 이에 대한 다양한 대책마련을 위해 노력하고 있다. 대표적으로 2020년 잉글랜드는 코로나19로 인한 학습결손을 회복하기 위해 '캐치업 프리미엄'(Catch-Up Premium)과 저소득 취약계층 학생을 대상으로 국가가 지원하는 개인 또는 그룹 교과 학습프로그램인 '내셔널 튜터링 프로그램'(National Tutoring Programme)을 발표하였다. 이 정책에 약 10억 파운드(약 1조 5,000억 원)를 투입할 예정이라 한다. 또한 연방국가인 독일도 주단위에서 다양한 정책이 마련되고 있다. 바덴 뷔르템베르크(Baden-Württemberg) 주는 코로나19로 인한 학생의 학습결손을 회복하기 위해 2021

년 여름방학 기간 중에 '브릿지 더 갭'(Bridge the Gap) 프로그램을 운영하고 주단위에서 약 25만 유로(약 3억 4,000만 원)를 지원한다.

미국의 경우, 주(州)정부가 교육재정의 약 92%(2017년 기준)를 부담하고 있고, 대부분의 교육재원은 지역주민에 대한 과세를 통해 마련되고 있어, 이에 따라 학군 간의 교육 재정 격차와 지역 간 교육격차가 크다는 점이 문제로 지적되어 왔다. 미국 내 백인학군과 유색인종이 다수인 학군 간의 교육 재정 격차는 연간 약 230억 달러(원화 약 25조 1,600억 원)이고, 고소득층 비율이 높은 학군과 저소득층 비율이 높은 학군 간에도 교육 재정 격차가 큰 것으로 나타난다. 이러한 문제를 해결하기 위하여 바이든 행정부는 취약계층에 대한 원격학습 기기 지원 등 디지털 교육격차 해소, 저소득층지역 학교 예산 지원 확대, 장애인학생에 대한 연방정부의 예산 지원 확대 등을 제시하고 있다. 이는 연방정부가 지역·학교·학생의 여건에 적합한 맞춤형 교육지원 책무를 강화하겠다는 것으로 해석된다.

우리 정부도 대응책 마련을 위해 노력하고 있지만, 보다 전면적이고 근본적인 대책마련이 필요할 것이다. 교육부는 2021년 7월29일 "'교육회복 종합방안' 기본계획: 모든 학생의 코로나 19 극복지원"이라는 방침을 발표했다. 그 제목의 당위성과 광범위함은 현재 코로나가 교육에 미치는 부작용의 심각성을 그대로 드러내주고 있다.

코로나는 유아교육부터 고등학교, 나아가 대학에 이르기까지, 교육 및 학교환경, 그리고 학생 전체의 삶을 대대적으로 위축시키면서 한 세대, 그리고 공동체 전체에 걸쳐 심각한 결손을 야기하고 있다. 코로나로 인한 결손은 단지 '국가경쟁력' 뿐만 아니라 우리 공동체의 미래를 대단히 어둡게 만들 수도 있다.

그러나 교육부의 '기본계획'은 그 영향력을 종합분석하여 코로나 시대 교육의 새로운 전략을 제시하기보다는, 임의적으로 확인된 현상과 피상적 피해사례들을 중심으로 대증요법을 전반적으로 나열하고 있다. 이러한 대책으로는 과도적으로 예산을 투입한 정책이 이루어질지라도, 본질적인 교육결손회복과 코로나 이후를 준비하는 교육여건 개선이 올바로 이루어질 수 없다. 나아가 보다 구체적이고 면밀한 교육회복의 전략과 대책이 필요하다.

첫째, 교육에 대한 코로나19의 영향력과 **'잃어버린 교실 세대'**에 대한 종합적, 객관적인 조사, 그리고 실증분석이 절실하다. 코로나 이후 교육의 전략적 비전은 이 위에서 비로소 수립될 수 있다. 교육부는 코로나19 학습결손으로 인한 국가경쟁력의 저하 가능성, 심리·정서, 사회성, 신체건강에의 적신호 등을 극복해 '교육회복'을 할 뿐만 아니라, 코로나 이후 '미래교육'으로 나아가야 한다는 전략적 방향을 언급한다. 그러나 현황을 이해하기 위해 근거하고 있는 자료가 2019년 대비 20년의 '학업성취도평가' 결과를 제외하고, 대부분 교원, 학부모, 학생을 상대로 한 상상가능한 답변항목들을 중심으로 한 '설문조사' 결과다. 답변주체들이 주관적으로 판단하는 현실이어서, 주체에 따라 현실인식도 다르다. 한마디로 교육부의 '기본계획'에는 코로나의 심각성에 비추어, 객관적이고 종합적인 현실인식이 없다.

정부는 코로나19 이후 교육격차 실태를 면밀히 조사하고, 이를 해소하기 위한 구체적인 대책을 마련하여 제시할 필요가 있다. 특히 코로나19 이후 교육격차 실태와 피해를 대도시와 읍면동 지역으로 구분하고, 특히 피해가 큰 취약계층 학생들(장애학생, 농어촌학생, 탈북학생, 다문화학생 등)에 대해서는 좀 더 면밀히 조사할 필요가 있다. 코로나와 같은 국가적, 세계적 재난에 직면해서 국가가 나서 실증의 차원에서라도 '교육재난'의 전체상을 조사하는 것은 당연하다. 이 조사는 지역 및 단위학교의 자율성을 존중하고, 학교별, 개인별 결과를 철저히 공개하지 않으며 학생들의 결손극복을 위한 자료로만 활용되어야 한다. 학습, 심리·정서, 신체건강 등에 대한 영향을 측정하기 위한 공통적 지표를 개발하여, 시도교육청별로 조사를 진행하되 그 통계적 데이터와 주요사례를 전략적-체계적인 교육정책 수립에 활용할 수 있을 것이다.

둘째, 불안정한 코로나 상황에서도 학습결손을 줄이기 위해, 온오프라인 결합형태의 하이브리드 학교 네트워크 프로그램을 준비해서 운영할 필요가 있다. 구체적으로는 지자체와 협력해 상시적인 '원격학습교실'을 설치, 운영하는 것도 한가지 방법이다.

교육부는 교육결손의 회복에 대해 ▲교사에 의한 방과후 교과보충 ▲지역아동센터 등을 활용한 교·사대생의 튜터링 ▲수석교사 등의 고등학생 학습컨설팅을 제시하고 있다. 그러나 예산에 따르는 사업의 양적확대 추산만 있지 구체적인 실현과정 속에서 해결되어야 할 과제도 적지 않다. 우선 방과후 교과보충을 교사에게 맡긴다고 하지만 교사의 업무경감을 위한 조치는 존재하지 않는다. 그리고 교·사대생의 튜터링 또한 낮은 보수에 일관된 교육책무성을 기대하기 어렵다. 나아가 수석교사 컨설팅단의 경우도 고등학생 교육결손에 획기적으로 도움이 될 전문성을 갖고 있다고 보기도 힘들다. 더욱 문제가 되는 것은 이러한 대책들은 대체로 학교의 전면등교를 전제로 하고 있고, 코로나 대유행이 장기화될 때는 거의 힘을 발휘하기 힘들다.

이러한 점에서 코로나 상황의 심각성이 지속되고 불안정한 상황이 유지되더라도 일관되게 학습결손을 보완할 수 있는 방안을 고민해야 한다. 교육시민단체 민주주의학교가 강조하고 있는 것처럼, '원격학습교실'이 그 한 가지 대안이다. 앞으로도 반복될 수 있는 감염병 상황은 학교를 온오프라인 결합형태의 네트워크 구조로 확장시켜야 함을 보여준다. 온라인수업이 불가피한 경우 사회적 불평등에 따르는 교육격차를 최소화하기 위해 새로운 교육설계가 필요하다.

가령 감염병이 대대적으로 확대되어 전면등교가 불가능할 때, 학교의 유휴 교실, 주민자치센터, 지역아동센터 등의 공적 공간을 활용해 온라인학습 환경을 구비한 '원격학습교실'들을 설치하고, 여기에서 학부모의 전면적 돌봄을 받을 수 없는 학생들이 전문인력의 도움을 받으면서 방역원칙 하에서 수업에 참여하고, 급식 및 방과후 지도까지 받을 수 있도록 하는 것이다. 이를 위해서는 기초자치단체와 충분한 협의와 협력이 필요하며, 교사나 대학생 이외에 전문적 교육역량이 투입될 수 있도록 준비할 필요가 있다.

셋째, 학생들의 몸과 마음의 회복지원을 위해서 대대적인 교육 '휴먼뉴딜'이 긴요하다. 학교별로 최소 1~3명의 상담사와 교육복지사를 확충해 불안정한 코로나 시기 심리·정서적 건강에 대응하도록 해야 한다.

코로나는 모든 학생들을 피해자로 만들고 있기에, 교육부가 일반학생과 고위험군학생 모두를 대상으로 하는 심리·정서의 지원과 사회성 함양 및 신체활동 활성화 방향을 제시한 것은 다행이다. 그러나 구체적으로 이에 합당한 전문인력의 배치와 체계적 대응체제를 제시하고 있는 것은 아니다. 나아가 사회성 함양 및 신체건강을 위한 프로그램은 안정적 전면등교를 전제로 하는 것이 대부분이다.

앞으로 감염병의 불안정 상황이 다시 도래하더라도 학생들의 몸과 마음의 회복을 지원할 수 있는 구체적 방안이 필요하다. 이를 위해서 중요한 것은 기존 교육청 산하 위(Wee)센터의 기능을 확충 및 개선하고, 외부 의료기관들과의 면밀한 협력관계를 구축하면서, 학교 안팎에서 학생들과 면밀하게 접촉하고 심리·정서상의 지원을 행할 상담인력을 충분히 학교에 확충해야 한다.

아울러 필요한 복지대응을 위해 교육복지사 또한 학교에 충분히 배치해야 한다. 이들 학교별 상담(교)사-교육복지사의 대응팀이 담임교사 등과 협력하여, 온라인 비대면 교육상황이 지속하더라도 학생들의 몸과 마음의 건강성을 되찾도록 능동적인 활동을 해야 한다. 특히 코로나 불안정이 지속되더라도 '원격학습센터'가 운영된다면, 이를 통한 지속적 상담 및 복지 지원이 가능해지고, 아동결식 및 아동학대 등의 상황에 대해서도 선제적으로 대응할 수 있을 것이다.

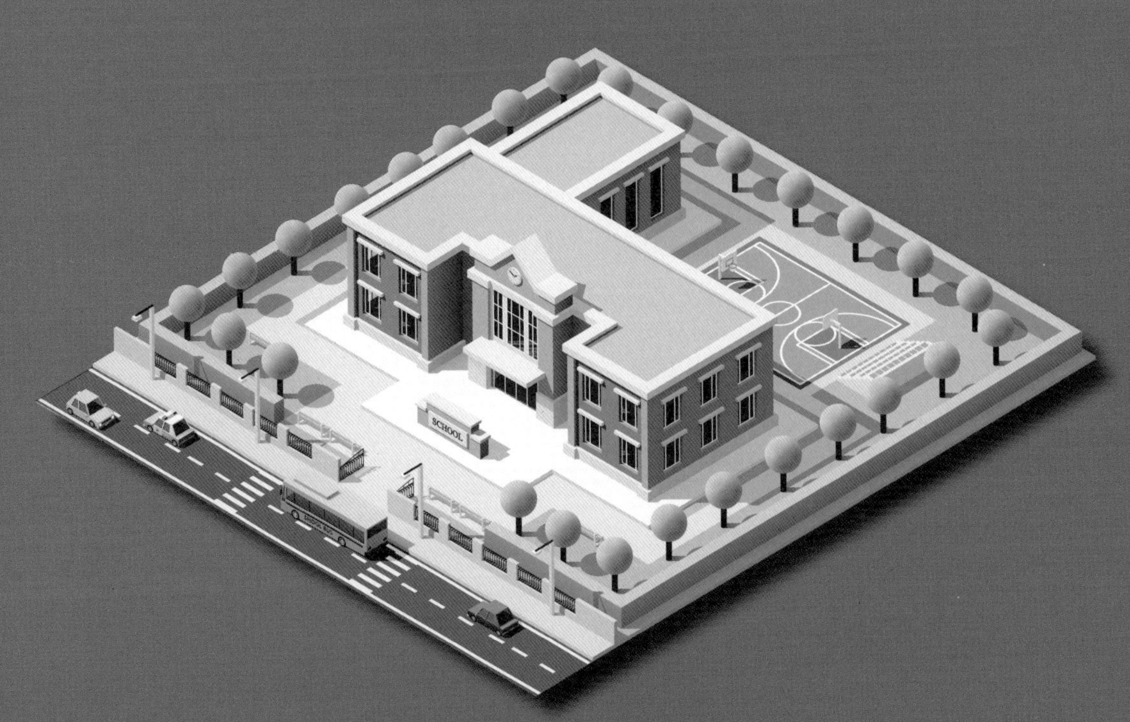

SCHOOL

IV

공교육대혁명의 교육모델

공교육이 더 강하다. 우리의 공교육이 양질의 교육을 원하는 시민과 학생에게 가장 강력한 대안이 될 수 있을 정도로 민주적인 맥락에서, 선진적으로 재구성된다면 말이다.

미래 사회에는 연결되지 않고 고립적으로 존재하는 주체는 경쟁력을 갖기 어렵다. 모든 것이 연결된 사회에서 공유와 협력은 필수다. 초연결사회에 대응하는 연결을 통한 새로운 교육모델구축이 필요하다.

1. 왜 지금 공교육대혁명이 필요한가

공교육이 더 강하다

우리사회에서는 자사고와 일부 특목고 등 특권교육을 폐지하고 평등교육을 강화해야 한다는 생각에 대한 사회적 합의의 기반이 여전히 강하다. 수준 높은 교육의 평등한 제공, 그것은 신자유주의 시대와 초경쟁을 강조하는 보수정권을 넘어서 우리가 얻은 교훈이다. 그러나 다른 한편으로 내가, 우리 아이가 특권교육을 받을 수 있다면 특권교육이 의미있다는 주장도 여전히 존재한다.

지난 트럼프 치하 미국에서는 교육의 특권화와 우민화라는 극단적 정책 흐름이 나타나면서 쟁점이 되었다. 대표적으로 보수적 억만장자 코치 형제(Koch brothers)와 트럼프의 문제 많은 교육부장관 드보스(Betsy DeVos)에 의한 공립학교 예산 축소 및 사립 및 종교(기독교)학교 지원확대 정책이 그것이다. 이 정책의 주요한 실험장은 애리조나주였는데, 학교 바우처(주가 제공하는 바우처)제도를 통해 사립학교나 기독교학교만 집중적으로 지원해서 성장시키려 했다. 이 사립 특권학교 지원 정책을 필두로 공교육 후퇴정책이 대대적으로 실시되었다.

미국이나 영국과 같은 신자유주의 대표국가들은 공립학교에 비해 사립학교의 지배력이 강하다. 이들 국가의 경우 사립학교 학생들은 대부분 명문대학에 진학하고, 또 좋은 직업을 보장받아 그대로 상층계급을 형성한다. 자녀를 사립학교를 보낼 수 있는 이들은 비싼 등록금을 낼 수 있는 상층 계급 뿐이다. 따라서 이들 국가에서 사립학교를 우선하는 정책은 소수 엘리트들이 '그들만의 리그'를 형성해서 특권을 독점적으로 대물림하는 것을 공고화하는 것이다. 다수 대중을 우민화하고 소수의 무책임한 특권층들이 사리사욕을 위해 사회를 망쳐버리는 것, 이것은 특권적 대물림 사회의 가장 기분 나쁜 '악몽(dystopia)'이다.

만약 우리 교육이 바로 서지 못한다면 우리 또한 이 '악몽'으로부터 자유롭지 못하다. 우리 한국이 가고자 하는 진정한 민주사회는 소수 특권층이 아니라 시민 누구나 공평한 교육의 기회를 부여받고, 이를 통해 보다 똑똑하고 현명해져서, 그들이 미래 대한민국의 주인이 되도록 하는 것이다. 초경쟁과 양극화 사회는 극소수만이 그 사회의 결실을 전부 전유하는 사회다. 따라서 학생은 물론 학부모의 불안감도 커지기 마련이다. 과연 모두가 같이 받는 학교교육만으로 초경쟁사회에서 살아남을 수 있을까하는 우려는 학생들을 사교육시장으로 내몰게 된다. 그러나 기존 사회를 구성하던 질서들이 전면적으로 재편되는 대전환기야말로 국가적 역량이 총동원된 교육의 재편이 필요하다. **공교육, 평등교육이 더 강하다.** 우리의 공교육이 질 높은 교육을 찾아

헤매는 시민에게 가장 강력한 대안이 될 수 있을 정도로 민주적인 맥락에서, 그리고 선진적으로 재구성된다면 말이다.

계급사회적 속성이 여전한 영국에서도 명문 엘리트 공립으로 유명한 그래머스쿨(grammar schools)의 특권을 중단하고 대중적 공교육을 강화하는 것이 교육개혁의 중심적인 과제가 되어왔다. 주목할 만한 점은 그 과정에서 그래머스쿨의 특권을 축소, 폐지하면서도 전후에 생겨난 공립 종합학교들의 교육내용을 개선하기 위해 사립학교의 선진적 교육내용을 부단히 흡수해왔다는 사실이다. 우리도 대전환기 공교육의 개선을 위해 세계의 명문 사립학교, 특권교육이 독점해왔던 교육내용과 형식들을 포함해 선진적인 교육의 전반적인 흐름들을 우리 입장에서 재해석하고 재구성해 적극적으로 수용할 필요가 있다.

나아가 디지털 기술혁명의 성과로 정보의 지식의 독점적 전유가 어려워지는 세상이다. 과거에는 일부의 혜택받은 학생이나 집단, 계층만이 접근할 수 있던 정보를 인터넷을 통해 누구나 접근할 수 있는 시대이다. 과거 미국과 유럽의 유서깊은 대학들만이 포함되던 세계 최고대학의 순위에 당당하게 미네르바스쿨(Minerva School)이라는 캠퍼스가 없는 온라인 학교가 포함되어 있는 것은 많은 시사점을 준다. 이제 세계적으로 연결된 네트워크를 통해 지구촌 학생들은 시공의 경계를 넘어 세계 최고의 강좌를 수강할 수 있

다. 수학, 코딩 등 수업을 온라인 앱을 통해 들을 수 있는
칸 아카데미(Khan Academy) 등 다양한 교육 앱을 통해 언제
어디서나 양질의 수업에 접근할 수 있는 시대이다.

'일반고 살리기' '일반고 전성시대'와 같은 정책이 내
용을 채우고 공교육을 진정하게 향상시킬 수 있도록 국가
적, 초당적인 교육 대전략이 만들어져야 한다. 범국가적인
역량을 집중하고 발전한 디지털 기술을 잘 활용한다면 공
교육이 더 강하다.

교육모델로서 혁신학교의 성과와 한계

지금까지 설명한 혁신교육 이후 교육의 대전환의 방
향은 당연히 개별적인 학교혁신 모델만으로 구현될 수 없
다. 2022년 이전의 혁신교육의 대표적 정책모델은 창의지
성교육, 무상급식, 인권조례의 가치가 종합적으로 어우러
진 혁신학교였다. 2014년 이후 약간의 변형이 이루어지기
는 하였지만, 혁신학교는 첫째 학교장의 전반적 권한위임
(empowerment), 둘째 민주적 자치공동체, 셋째 전문적 학
습공동체, 넷째 이러한 변화의 결과로서 창의지성교육으로
정의된다. 즉 혁신학교란 학교장의 구조적 리더십 하에서
학교민주주의를 발전시키고, 그 위에서 교사들이 전문적으
로 학습하도록 함으로써 궁극적인 미래지향의 학력인 창의
지성교육을 구현하는 학교로 정의될 수 있다.

이러한 원칙은 적어도 2014년까지는 혁신학교의 질적 관리를 위한 기준으로 작동했고, 혁신학교를 혁신학교답게 만드는 결과를 가져왔다. 2010년대 경기도 혁신학교의 진가는 학교문화의 변화는 물론, 교사의 학습, 그리고 미래형 학력이라는 핵심요소들이 긴장을 잃지 않고 역동적으로 상호작용한 결과로 나타난 것이다.

그러나 이러한 혁신학교의 진가는 2014년 이후 혁신학교의 전국적 확대, 그리고 일부 교육청의 무리한 양적 확대 전략, 나아가 혁신학교의 질적 정체성의 이완 등으로 급격하게 퇴조하고 있다. 동시에 종래 존재하던 개별적 혁신학교 접근의 한계도 드러나, 혁신학교 정책 자체의 위기국면을 맞이하고 있다.

개별 공교육 학교의 혁신전략으로서 '혁신학교'는 몇 가지 측면에서 단점을 갖고 있다. 첫째, 혁신학교는 개별학교 접근이다 보니 초·중·고등학교 간의 연계모델을 만드는데 한계를 보여주었다. 초등 혁신학교가 있는 지역은 중학교가 없고, 의미 있는 중학교가 있는 지역에 고등학교가 뒷받침해주지 못했다. 둘째, 혁신학교는 초중등교육의 정점에 존재하는 고등학교에서 제한된 성과밖에 만들 수 없었다. 대학입시, 그것도 정시 위주의 대학입시를 핑계 삼아 고등학교의 관리자, 교사, 학부모들이 대단히 소극적이었고, 그것이 고등학교 혁신교육의 발전에 큰 장애물이 되었다. 그에 따라 초등학교와 중학교의 성과가 고등학교로 이어지는 통합적 혁신교육의 모델이 구축되지 못한 것은 어쩌면 당연한 결과였다. 셋째, 개별학교 접근으로서 혁신학교는 교사 및 관리자의 인사이동 시스템과 결합되면서 지속가능성 면에서도 심각한 한계를 보여주었다. 요컨대 민주적이고 의욕적인 마인드와 혁신학교 전문성을 갖춘 교사집단, 그리고 민주적, 구조적인 리더십을 갖는 관리자가 존재할 때는 혁신학교의 성과가 유지되지만, 교사집단과 관리자의 속성이 변화하면 마치 사상누각처럼 '혁신학교다움'은 사라질 수밖에 없다는 것이다.

게다가 혁신학교의 이름만을 확대재생산하는 정책, 그리고 지나치게 좁은 의미의 학교민주주의에만 집착하는 일부의 편향과 결합되면서, 서울과 경기의 일각에서 '혁신학교는 공부 안시키는 학교'라는 오명마저 쓰고 있다. 물론 여기에는 아파트 신도시지역을 중심으로 '강남화'—아파트 가격과 전통적 입시학군을 연동시키려는—하려는 지역이권, 그리고 진보교육에 대한 보수적인 정치공세가 크게 작동하고 있다. 그런 점에서 혁신학교에 대한 최근의 공세는 지나치게 작위적이고 억지스러운 면이 강하다. 이러한 상황은 혁신학교 때문에 주변의 아파트와 집값이 뛰어 오르고, 거의 모든 지역에서 혁신학교를 만들어달라는 민원이 쇄도하던 2010년대 경기지역과 비교하면 '격세지감'의 느낌마저 든

다. 그럼에도 불구하고 혁신학교에 대한 이러한 공격은 사
실은 양적 확대 중심의 혁신학교 정책, 그리고 어떠한 점에
서는 혁신학교 그 자체의 내재적 한계로부터 비롯되지 않
았나 하는 성찰이 필요하다. 그러므로 이제 혁신학교의 성
과를 계승하면서도 그 한계를 냉철히 분석하고 이를 넘어
서기 위한 교육대전환의 새로운 모델을 구축해야 한다.

2. 공교육대혁명 시대의 철학과 제도

교육은 기존의 지식과 실천의 어깨 위에 서 있다. 새로운 교육모델을 모색함에 있어 중요한 것은 기존의 우리교육의 성과의 실천에서부터 출발하여야 한다는 것이다. 교육은 백년지대계라고 하는 것은 미래에 대한 고민과 더불어 지속가능성을 고려해야한다는 것이다.

1) 공교육대혁명의 5대 가치

대전환기의 공교육대혁명의 교육모델을 설계함에 있어 유념해야할 기본방향을 명확히 할 필요가 있다. 첫째, '시대정신'이다. 현재와 미래의 시대가 요구하는 것에 우리교육은 정확히 부응하고 답을 주어야 한다. 둘째, '집단지성'이다. 이 시대정신은 일부 엘리트들이 주도하는 것이 아니다. 다양한 교육주체들과 전문가들의 집단지성을 이끌어내는 방식의 설계가 이루어져야한다. 셋째, '민주주의 정신'이다. 민주주의는 인류가 만들어낸 가장 가치있고 효율적이며 지속가능한 체제다. 이런 민주주의적 소통과 결정의 정신을 공교육 현장에 공고하게 결합시키는 것이 필요하다. 즉 정책담당자와 학교현장의 상호 소통과 피드백을 통해 공교육 개혁의 설계도면을 가장 이상적으로 변화시켜가는 것이 필요하다.

이러한 기본 방향 위에 대전환기 공교육의 새로운 교

육모델은 공공성, 창의성, 연결성, 포용성, 민주성의 5가지 기본가치가 구현되어야 한다.

첫째, '**공공성**(publicity)'이다. 공공성은 평등한 교육 조건을 갖춰 결과적으로 평등한 결과를 만들어주는 것을 말한다. 능력에 따라 차별화되는 것이 아니라—물론 과정 속에서의 차이는 존재하지만— 주어진 잠재역량, 즉 탁월함을 최대한 발휘할 수 있게 만들어서, 평등한 삶을 살게 하는 것이다. 시민들 사이의 평등성이 보장되지 않으면 사회는 극단적 불평등과 양극화 속에서 초경쟁사회가 일상화된다. 이 사회는 개개인 모두가 지출하지 않아도 되는 지출하도록 만드는 결과적으로 비효율적 사회이다. 불평등을 극복하고 시민들이 보편적으로 높은 교육의 질을 향유하게 하는 것, 이것이 바로 공공성이고 공공성 안에는 평등성이 자연스럽게 전제된다.

둘째, '**창의성**(Creativity)'이다. 창의성은 통찰력, 기획력이 전제되어야 한다. '불가능한 모든 것을 상상하라', 이런 광고 카피처럼 반짝이는 모든 것을 무작위로 키워주는 게 아니다. 어떻게 불가능한 것을 상상할 수 있겠나? 하지만 현실에서 불가능해 보여도 가능성의 극단을 꿰뚫어 볼 수 있는 것, 이것이 바로 통찰력이다. 무한한 상상력은 결코 허무맹랑한 것이 아니다. 객관적 질서들의 본질과 핵심을 찾아가려고 노력하는 것이 바로 통찰력이고, 통찰력에 기초하면 남들은 불가능하다고 생각할지 모르는 문제도 정확히 정의해내고 그걸 넘어설 수 있는 설계도면을 만들 수 있다. 이 과정에서 타인과 연대해서 손잡고 실천하는 것, 이것이 바로 기획력이다. 기획력이란 설계능력과 실천가능성을 포함하고, 연대와 실천은 민주성과도 자연스럽게 연결된다.

셋째, '**연결성(Connectivity)**'이다. 4차산업혁명의 주된 특징 중 하나는 '초연결(Hyper Connectivity)'이다. 모든 사물과 공간이 연결되고 이들의 소통으로 새로운 사회가 열린다. 초연결사회에서는 인간 대 인간은 물론, 기기와 사물 같은 무생물 객체끼리도 네트워크를 바탕으로 상호 유기적인 소통이 가능해진다. 앞으로 사회에는 연결되지 않고 독자적으로 존재하는 주체는 경쟁력을 갖기 어려울 것이다.

디지털 기술혁명 시대를 이끌어온 많은 기술들이 오픈소스와 공유에 기반하는 이유이다. 모든 것이 연결된 사회에서 공유와 협력은 필수다. 생산의 주체가 된 개인의 지식과 경험은 공유될 때 새로운 아이디어와 가치 창출의 기반이 된다. 다른 사람의 것을 얻기 위해서는 나의 것을 공유할 수 있어야 한다. 공유와 협업은 인간 고유의 가치를 높일 수 있는 인간만의 방식이며, 디지털 기술혁명 속에서도 인간 고유의 영역을 넓힐 방법이 될 것이다.

넷째, '**포용성(Inclusion)**'이다. 한때 우리사회의 주요 화두 중 하나는 다양성(Diversity)였다. 이른바 단일민족 신화에 기반하여 권위주의적 사회체제를 구성하였던 획일화된 사회에서 다양성은 매우 중요한 가치였고, 지금도 여전히 다양성은 중요한 교육의 목표가 되어야한다. 그러나 대전환 시기에는 포용성으로 전환할 필요가 있다. 포용성은 특정인, 정체성을 관계나 공동체 내에서 배제하지 않는 것을 이른다. 포용성은 그런 점에서 법과 제도 등 보다 적극적인 사회적, 정치적 해결책이 동반되어야한다. 포용성의 가치는 사회경제적 불평등의 심화와 정치적 양극화의 시대에 더 중요하다. 사회경제적 차이로, 그리고 갖가지 혐오에 기반하여 차별해서는 안된다는 것이다.

최근 기업들 사이에서 유행하는 ESG(Environment, Social, Governance)경영도 이런 맥락에서 볼 수 있다. 이윤에 민감한 기업들이 포용적 경영을 모색하는 것은 포용성이 결과적으로 기업의 인력 유치 및 기업문화, 그리고 시장의 변화를 읽어내는데 훨씬 더 가치가 있다는 판단에 근거한다. 공교육대혁명의 새로운 가치로 포용성이 강조되는 것은 이러한 이유들에서이다. 특히 문화다양성의 측면에서 세계의 경계가 흐려지면서 그에 대한 반작용으로 민족공동체 수호가 부각되고 있지만, 순수한 민족공동체가 사라지는 것은 거스를 수 없는 세계사적 흐름이다. 앞으로는 민족

공동체의 관계성이 더욱 중요해지고 차별과 혐오의 문제를 해결하는 것은 더욱 중요해진다. 내가 속한 민족공동체가 자신들의 공동체를 지키기 위해 다른 공동체를 차별하고 공격한다면, 이것 자체가 시민의 기본 가치인 평화와 어긋나는 것이다. 민주시민은 세계적 시야를 갖추고 어떤 문제든 역지사지 할 수 있는 서사적 상상력을 가진 시민이어야 한다.

다섯째, '**민주성**(Democracy)'이다. 민주성은 곧 민주주의 학교를 의미하는 것으로 학생과 교사 학부모가 교육의 주체가 되어 깨어 있는 시민, 즉 민주시민을 육성하는 것이 궁극의 목표인 가치이다. 민주주의사회의 시민을 육성하는 것이 교육의 목표다. 깨어 있고 자기생각을 가진 비판적 사고의 시민, 그들은 엘리트임과 동시에 일반 대중이다. 그들은 공공복리를 만드는 주체이기도 하지만 이를 지켜야 하는 대상이기도 하고, 한편으로 권력자를 뽑는 주체이며 통치의 대상이기도 하다. 그렇기 때문에 이 시대의 시민들에겐 엘리트의 소양을 함께 키우도록 해야만 한다.

2) 공교육대혁명의 미래학력

사회적 불평등과 능력주의적 계급 고착화로 불평등이 심화될수록 학교가 아이를 책임지고 키워주는 복지적 측면, 사회의 불평등구조를 학교가 정정하고 완충하는 기능들이 학교 안으로 들어올 수밖에 없다.

그럼에도 불구하고 학교의 본질적인 기능인 공부는 학교의 가장 중요한 부분이다. 친구 만나러 오고, 급식 먹으러 오는 아이들도 있겠지만 아이들이 학교에 오는 진짜 이유는 수업을 하기 위해서다. 아이들은 학교에서 수업 시간에 공부를 하며 가장 오랜 시간을 보낸다. 그러므로 무엇을 공부할 것인가는 더욱 중요해진다. 또 이 시대를 살아가는 학부모들이라면 누구나 가장 듣고 싶어하는 이야기일 것이다.

공부의 개념이 빠진 학교는 불완전한 학교이며, 그런 의미에서 새로운 학력에 대한 접근은 대단히 중요하다. 학교는 배우는 곳이고, 배우는 힘을 키우는 것이고, 배우는 것은 곧 발견하고 깨우치는 것이다. 그동안 학교의 모습은 암기형 주입식 학교였고, 문제풀이 중심의 공부가 야기한 상처와 폐해를 알면서도 아이들을 괴롭히며 강하게 밀어붙여 왔다. 하지만 더 이상 아이들을 그런 학교와 공부로 소모시켜서는 안 된다.

새로운 시대를 주도할 미래 시민, 독립적이고 비판적인 판단능력을 가지고 건강하게 연대하면서 민주적인 삶을 살아가는 시민을 육성하는 공부는 암기형 공부가 아니라 스스로가 생각하는 공부다. 이것이 바로 '창의지성교육'의 핵심이며, 필자는 이미 2011년부터 이 같은 주장을 계속 펼쳐오고 있다.

'창의지성교육'의 핵심은 이 시대에도 여전히 중요하다고 생각한다. 특히 암기형 공부가 아니라 생각을 키우는 공부여야 한다는 것, 생각의 핵심인 비판적 사고를 통해서 시민적 독립된 삶의 역량을 키워야 한다는 것은 여전히 유효하다. '창의지성교육'의 핵심은 미래형 학력과 자연스럽게 연결된다.

우리는 4차산업혁명이라는 대전환시대를 살아가고 있다. 구체적으로 설명하면 디지털 대전환, 재생가능한 에너지로의 대전환, 또 에너지 전환의 다른 이면인 기후위기와 녹색전환, 그리고 기후위기와 연동되어 있는 감염병과 안전하지 못한 시대를 살고 있다. 지금까지는 노동과 이를 뒷받침할 수 있는 일정한 지능과 역량으로 인간의 본질을 규정해왔지만, 앞으로 인간에게 요구되는 역량은 더욱 다양하고 복잡해진다.

특히 인공지능혁명은 인간이 본질로 가지고 있는 지능, 지성에 대한 도전이고, 지성의 귀결이라고 할 수 있는 노동에 대한 본질적인 도전이다. 인공지능 기술의 핵심은 단지 기계학습의 단계를 넘어 딥러닝이라고 하는 심층학습에 기초하고 있기 때문에, 인공지능 자체의 심층학습이 만들어낼 진화가 어디에 귀결될지 우리는 알지 못한다. 이런 측면에서 보면 우리가 사고력이라고 생각하는 상당한 수준까지 인공지능이 대체할 수 있는 것도 사실이다.

그렇다면 인간이 인간일 수 있기 위해 가져야 하는 지성을 어떤 단계에서 재구조화하지 않으면 안될 것이다. 이런 측면에서 '창의지성교육'의 핵심인 생각의 힘, 지성의 힘, 비판적 사고를 통해 지속적으로 통찰력과 기획력을 키워내야 한다는 부분은 더욱 중요해질 수 있다.

인공지능시대를 살아가는 교육의 다른 면모인 에듀테크도 사고의 많은 부분에서 교육적 도움을 주고 있지만, 실제로 교육의 본질적인 목표는 새로운 지성의 공간과 창의지성의 공간들을 확보하고 확장하는 것이어야 한다. 그런 점에서 보더라도 '창의지성교육'의 핵심은 더욱 빛날 수밖에 없다. 인공지능 시대야 말로 인문학이 중요하고 독서가 중요하고, 인류역사가 만들어낸 수천년의 문화와 문명에 대한 탐닉과 흡수, 이것들을 소화하고 즐길 수 있는 역량들이 필요하다. 더불어 여러가지 실천과 체험 같은 요소들이 더욱 중요해질 것이다. 이런 것들을 통해 인간적인 공간들을 부단히 개척해 나가기 위해 교육이 기여해야 하고 이것이 바로 미래학력의 중심이 될 수밖에 없다.

또 한가지 인공지능혁명으로 여러 방면에서 발전하고 있고 사물인터넷, 로봇공학, 메타버스와 같은 인간과 사이버의 결합도 빠른 속도로 진화할 것이다. 이를 주도하는 것은 독점적인 거대 기술기업들이고, 인간의 참여로 발생하는 데이터는 기술대기업이 전유하며 천문학적 부를 창출하는 수단이 되고 있다. 데이터 생성의 주체는 인간이지만 그 효과는 독점 대기업이 누리는 비대칭성과 불합리함으로 인해, 독과점은 비교가 불가능할 정도로 커지고 빈익빈부익부는 심화될 수밖에 없다. 그 과정에서 대다수 계급들은 불용계급이 되는 극단의 양상까지 치닫게 되면, 현재 우리가 보고 있는 양극화와 비교할 수 없는 심각한 초양극화를 경험하게 될 것이다.

정보의 독점도 마찬가지다. 우리는 이미 우리가 검색한 키워드가 맞춤광고가 되어 돌아오는 무서운 경험을 하고 있다. 우리의 생각, 관심에 대한 정보를 독점한 기업이 경제를 독점하고 결과적으로 정치에 부정적인 영향을 미치게 되었을 때, 우리가 누리고 있는 민주주의 공간 자체가 심각하게 위축될 수 있으며 정치적 독점과 과두제화도 피하기 어려울 것이다. 그렇기 때문에 모든 것들을 독점 거대기업에 맡겨 둘 수 없으며 감시와 견제가 필요하다.

교육이 인간다움을 계속 개발해야 하고, 그걸 통해 인간다움의 공간을 확장할 수 있게 바탕을 마련해야 한다. 기술이 가져올 수 있는 사회경제적 변화를 예측하고 인간에게 유리한 변화를 만들어 내고, 인류의 발전에 보다 합당하게 작동될 수 있도록 흐름을 바꾸려고 노력하는 시민들, 자기 사고와 기획력을 가진 시민들을 육성해야 하는 것이다. 자기만 정보와 지식을 독점하고, 자기밖에 모르는 '욕심 많은 헛똑똑이'를 키우는 것이 아니라 모든 사람들과 함께 집단지성을 통해 각자의 탁월함을 개척해 나가는 그런 설계를 해야 한다.

공부는 교과서의 내용을 누가 더 잘 외우고 누가 점수를 더 높게 받는 그런 것이 아니다. 인간의 잠재된 탁월함을 키워 성숙하고 지혜로운 인간이 되게하고, 그 탁월함을 표출해 인류의 발전에 유용하게 쓰이도록 하는 모든 것들이 바로 공부다. 인문학적 탁월함, 논리적 탁월함, 연산적인, 예술적인, 운동적인 탁월함 등 잠재된 모든 탁월함을 키워내고, 평등하고 상호 보완적인 네트워크로 연결시켜 민주적인 미래를 함께 만들어갈 기초를 마련해주는 것, 그것이 교육의 임무이다.

나아가 기후위기, 감염병을 생각해보자. 기후위기는 심각하게 인간의 존립을 위협하는 지경에 이르렀다. 남태평양의 한 나라는 가라앉고, 호주와 미국동부에서는 극심한 산불이 일어나고, 어떤 나라는 경험해보지 못한 냉해를, 어떤 나라는 불볕지옥을 경험해야 했다. 코로나19같은 감염병도 기후위기로 인한 지구 공간의 거대한 교란의 결과로 볼 수 있다.

우리는 이렇게 엄청나게 복잡한 불확실성의 시대를 살고 있다. 앞으로 어떤 자연현상을 교과서에 기술하고 학생들이 배울 때가 되면, 이미 자연현상은 달라져 있을지도 모른다. 그런 시대를 향해 가고 있으면서 교과서의 내용을 외워서 시험을 보고 있으니 이 얼마나 어리석은 일인지 모른다. 수학능력시험에서 정답논쟁이 발생하는 것도 그만큼 우리가 살아가고 있는 사회의 맥락 자체가 복잡하고 불안정해져 있음을 의미한다.

다가올 미래에 사람들이 인간의 존엄성을 지키며 작으나마 행복을 지키고 잘 살아갈 수 있는 길은 무엇인가? 그것은 교과서 지식이 아니라 지식의 관점을 바꾸는 것에서 출발해야 한다. 문제의 성격을 모르기 때문에 해답을 못 찾는 것이지 이를 분석하고 탐구할 수 있다면 문제의 성격을 규명하는 동안 대응 방법은 거의 도출될 것이다. 물론 어떤 문제는 너무 어려워서 완벽한 답을 찾을 수 없을지도 모른다. 그때는 최소한 더 나은 조건에서 더 나은 방향이 무엇인지 기획할 수 있게 하는 능력이 필요하다. 이것이 바로 '창의지성교육'의 핵심인 통찰력과 기획력 교육이다.

이것은 사실 '오래된 미래'다. 통찰력과 기획력의 문제는 고대 그리스 시대부터 또는 동양의 고전시대부터 제기되어 왔다. 어느 순간 우리 학교 공간에서 놓치면서 사라져 버린 것일 뿐이다. 정해진 문제와 답이 없는 시대를 살아가는 것이 미래의 생존조건이라면 교육의 초점은 당면한 지구 현상과 현실의 문제가 무엇인지 명확하게 찾아낼 수 있는, 그 성격을 규명할 수 있는 교육에 맞춰져야 한다. 이게 미래학력의 핵심이다.

3) 공교육대혁명의 새로운 교육체제

2009년부터 2022년까지를 혁신교육 시대라고 한다면, 그 시대를 대표하는 혁신교육은 '혁신학교', '창의지성교육', '무상급식', '고교교육무상화', '학생인권조례' 등을 중심으로 종래 국가중심적 교육체제—국가교육행정체계, 국가교육과정, 학교체제, 그리고 대학입시제도—를 그대로 전제한 상황에서 시도지역의 교육자치영역에서 실험과 실천이 가능한 교육모델을 개척하는 것이었다.

이러한 지역적 혁신교육모델들은 2010년대 중반까지 전국에 걸친 새로운 교육발전 가능성을 보여주었고, 때로 진보와 보수를 넘어서는 초당파적 영향을 미쳐 국가교육정책을 변화시키기도 하였다. 2015 국가교육과정의 사고 및 역량중심의 교육목표와 탄력성은 경기혁신교육과 창의지성교육의 도전으로부터 많은 힌트를 얻은 것이라고 볼 수 있다. 나아가 2014년 전국의 진보교육감의 확산, 그리고 그에 따라 시도교육감협의회가 활성화됨으로써, 혁신교육의 경험이 전국적으로 활발히 교류되고 공통의 국가적 의제를 중심으로 중앙정부인 교육부와 정기적 협의채널을 가동해 지역의 혁신교육 의제가 국가정책에 반영되는 경우도 적지 않다. 그리고 현정부의 교육정책 중 고교학점제 등 주요정책은 지역 혁신교육에서 의제화된 정책을 국가적 정책으로 발전시킨 사례에 해당한다.

혁신교육은 기본적으로 국가적 교육체제의 대대적 변화와 함께 이루어지는 종합적 교육모델이 아니라, 지역에 기반을 두고 개별 학교들의 변화에 초점을 맞춘 접근이었다. 앞에서 살펴본 혁신학교가 그 대표적인 사례에 해당한다.

그러나 2022년 우리가 직면하는 시대는 과거 혁신교육이 설계되었던 시점보다 훨씬 근본적인 전환 요구들이 여러 층위에서 이루어지고 있다. 인구절벽, 코로나19 감염병, 디지털 기술혁명, 기후변화, 불평등과 양극화, 민주주의의 위기 등의 현실은 우리 공교육으로 하여금, 부분적이고 양적 개선중심의 혁신보다는 보다 포괄적이고 질적인 변화, 즉 '대혁명'을 요구하고 있다. 대한민국 대전환의 시대에 걸맞는 '공교육대혁명'은 초중등교육과 관련된 국가적 교육거버넌스—교육부, 시도교육청, 학교—, 초중등교육 전반의 학교체제, 더 나아가 교육내용과 문화, 생태계 등을 포괄하는 새로운 교육체제를 통해 가능할 것이다.

(1) 국가교육거버넌스의 조정

대한민국 공교육대혁명 모델은 현재 진행되고 있는 국가적 교육거버넌스 내부에서 발생하고 있는 실질적인 변화를 반영하고 발전시키는 것이어야 한다. 지금 국가교육 거버넌스의 컨트롤타워에서 변화가 일어나고 있다. 2021년 6월 초당적 국가교육정책의 일관된 추진을 명분으로 국가교육위원회법이 성립되었고, 2022년 국가교육위원회가 정식으로 출범한다. 물론 아직까지 국가교육위원회는 첫째 교육부와 업무범위면에서 옥상옥 회피방안, 둘째 위원구성 등의 면에서 초정파성 유지방안, 셋째 대학교원 대표의 참여를 비롯한 대학정책 역량의 강화 필요성 등 다양한 과제를 남기고 있다. 그렇지만 국가교육위원회는 국가의 장기적 교육정책결정에 커다란 영향을 줄 것으로 기대된다. 특히 현재까지 모순적 상황은 남아있지만, 국가교육위원회의 출현은 전통적인 교육관료조직인 교육부의 위상 조정을 요구하고 있다.

동시에 국가적 교육거버넌스에 대한 지역 시도교육청의 영향력 또한 커지고 있다. 지역교육자치의 발전, 그리고 경험의 교환과 축적으로 시도교육청의 자체 거버넌스 능력과 교육과정 설계 및 운영능력이 획기적으로 증대하고 있다. 나아가 고교학점제의 성공적 운영을 위해서는 학교자치와 교육과정운영의 자율성, 그리고 시도교육청과 학교로의 권한 이전이 대폭적으로 요구되고 있다.

이러한 점을 고려한다면 공교육대혁명을 위한 국가교육체제는 대학정책을 포함한 거시적이고 전략적인 국가교육정책 방향을 국가교육위원회가 결정하고, 현재 교육부에

남아있는 초중등 교육권한을 전면적으로 시도교육청으로 이관하는 방향으로 재조정되어야 한다. 아울러 현재 초중등 교육을 지나치게 조밀한 목표체계, 평가 등을 통해서 관리하고 있는 국가교육과정의 편성운영권도 대폭적으로 시도교육청으로 이관해야 한다. 국가교육과정은 국가교육위원회가 관장하되, 초중등교육의 거시적 철학과 목표, 인재상 등 총론을 규정하는 선에서 머무르고, 구체적인 교육과정의 편성과 운영권, 교육내용의 결정을 시도교육청과 일선 학교가 할 수 있도록 해야 한다.

이러한 과정에서 행정관료조직으로서 교육부는 대학교육과 초중등교육에 대한 교육재정지원, 대학정책을 중심으로 하는 국가교육위원회의 주요결정의 집행업무를 담당하는 방향으로 재편성될 필요가 있다. 이제 과거의 중앙통제 군단방식의 교육행정의 유제는 청산될 필요가 있다. 대신에 국가교육위원회라는 전략적 조직이 중장기적이고 거시적인 정책반경을 결정하지만, 구체적인 교육과정, 교육문화의 설계와 실천을 과감히 시도교육청, 더 나아가서는 학교가 주도적으로 추진하는 구조로의 변환이 필요하다.

⑵ 초중등 학교체제의 재정립:
　고교학점제와 초·중·고 교육연계
공교육대혁명의 또 다른 영역은 학교체제다. 혁신교육 시대를 상징하는 혁신학교는 초중등교육의 정점에 있는 고등학교 개혁과 초·중·고의 연계된 교육혁신이란 점에서 한계를 가졌다. 그런데 공교육대혁명에 있어 학교는 고교 개혁과 동시에 초·중·고 교육의 연계된 업그레이드을 추진하도록 하는 것이다. 이를 위한 핵심적인 변화의 계기를 주는 것이 고교학점제다.

고교학점제, 교육 대전환의 진앙(震央)

공교육대혁명의 시대, 질높은 교육을 구현하는 학교, 디지털 인공지능혁명 시대 디지털역량과 리터러시를 배우는 학교, 기후위기 시대 탄소중립과 녹색전환을 배우고 실천하는 지속가능학교, 감염병과 폭력으로부터 안전한 학교, 불평등의 시대 아이를 책임지고 키워주는 '교육 그 이상의 학교'를 구현하고, 마지막으로 민주주의 위기 속에서 시민 리더십과 연대의 힘을 키우는 민주주의학교를 실현하기 위한 교육대전환의 과제는 이제 **개별 학교단위를 넘어서 지역공간을 하나의 단위로 네트워크화하는 모델**을 통해 가능하다. 그리고 상대적으로 혁신이 용이한 초등학교부터의 혁신이 아니라, 교육의 정점에 있는 고등학교 교육의 전면적 혁신으로부터 교육대전환을 추구해야 한다. 이렇게 해서 초·중·고등학교가 연계된 네트워크로서 질적인 업그레이드가 이루어지도록 해야 한다.

이러한 변화를 위해 주목하는 정책적 계기는 2025년부터 전면 시행되는 고교학점제다. 물론 현재에도 일반고교

중에서 연구선도학교 등의 형태로 학점제가 운영되는 곳도 존재하며, 특성화고등학교는 당장 2022년부터 시행된다. 고교학점제의 취지는 대학과 비슷하게 공통필수과목, 선택과목, 선택심화과목 등 다양한 학습의 선택지를 제공하고 스스로의 재능과 희망진로에 맞추어 개별 맞춤형 교육과정을 운영한다는 것이다. 이러한 취지가 제대로 살아난다면, 수능위주의 입시교육에 찌든 고등학교에 교육다양성, 창의성, 학생주도성, 사고력과 기획력 등 다채로운 새로운 요소를 도입해 고등학교 교육을 제대로 정상화할 뿐만 아니라 그 수준을 획기적으로 향상시킬 수 있는 가능성을 열어준다. 그리고 지금까지 조밀한 국가교육과정 하에서 획일적 '군단(群團)'으로 취급받아왔던 고등학교의 존재형태가 근본적으로 변화할 계기를 찾게 될 수 있다.

물론 현재의 고교학점제가 원래의 취지를 제대로 살려낼지는 불확실하다. 왜냐하면 고교학점제가 제대로 성공하려면 선결조건이 필요하지만, 교육부도 각시도교육청들도 이러한 선결조건들의 충족과 관련된 로드맵, 실천전략이 아직은 추상적이고 불충분하기 때문이다. 고교학점제가 성공하기 위한 국가정책적 선결조건은 ① 대입제도의 변화: 수능의 자격고사화, 내신중심의 학생부 종합전형의 확대 ② 내신평가의 변화: 공통, 선택 모두에 걸친 내신평가의 절대평가화 ③ 교원 확보: 충분한 과목 다양성을 제공하기 위한 교원의 대폭확충, 이를 위한 교원임용의 다원화 등 교원임용방식의 개혁 ④ 학교 인프라 확충: 학점제를 위한 교실 및 자율학습 공간, 지역협력 학점제 시설 등의 대대적 확충 필요성 ⑤ 교육과정 편성 및 운영권의 대폭적 자치분권: 학점제를 유연하게 운영하기 위한 일선 학교와 시도교육청으로의 교육과정 편성 및 운영의 대폭적 이관 필요성, 국가교육과정의 조밀한 국가관제의 본질적 재구성 ⑥ 민주주의학교의 고도한 발전: 학생선호에 부합하는 고품격의 다양한 교과목을 연구개발하고 학생 주도적인 개별 교육과정을 구성하기 위한 교사와 학생의 교육주체화, 이를 위한 학교별 교육자치와 민주주의의 필요성 등이다. 그러나 이러한 조건은 현재 상황에서 많은 부분 아직 충족되지 못했다.

이러한 선결조건이 마련되기 위해서는 상당한 시간에 걸치는 정책적 노력과 대대적인 재정적 투자, 교원의 태도변화 및 전문성의 신장, 다양한 교육협치 등이 필요할 것이다. 이와 연관해 2025년 전면시행 예정인 고교학점제 계획의 현실적 재검토가 필요하다. 선결조건의 준비 정도를 고려한 고교학점제의 단계적 확대로의 정책전환이 그것이다. 그러나 이러한 정책조건을 충족하더라도, 학교별로 개별적으로 추진되는 학점제는 교과목 개설범위와 다양성 면에서 심각한 제약을 보일 것이고 학생들의 다양한 수요에 맞추어 개별 맞춤형 교육과정을 구성하고 현실화하는데 한계를 보일 수밖에 없다. 이러한 개별 학교단위접근의 한계를 넘어설 수 있는 방식은 지역별 네트워크 접근방식—지역별로 고등학교를 특화하고 이를 하나의 학점제 네트워크로 통합하는것—이다.

고교학점제의 제약과 공유캠퍼스: 서울시교육청의 사례

고교학점제는 개별학교 단위에서 학생들에게 다양한 교과 선택지를 제시하고 학교 내에서 학점제를 구현하는 것을 기본으로 삼고 있으나, 개별학교의 인프라 및 교과 제공의 한계로 인해 지역 차원에서 학교 상호 간 혹은 공동개설 방식으로 학점제를 공동으로 운영할 수 있다. 이러한 점에 착안하여 서울시교육청은 2019년 '연합형', '거점형', '온라인형' 등의 형태로 고교학점제 실행 정책을 제시하였고, 2020년에는 이를 재구성하여 지리적 인접성 및 교육 연관

그림15 서울형 고교학점제 재구조화

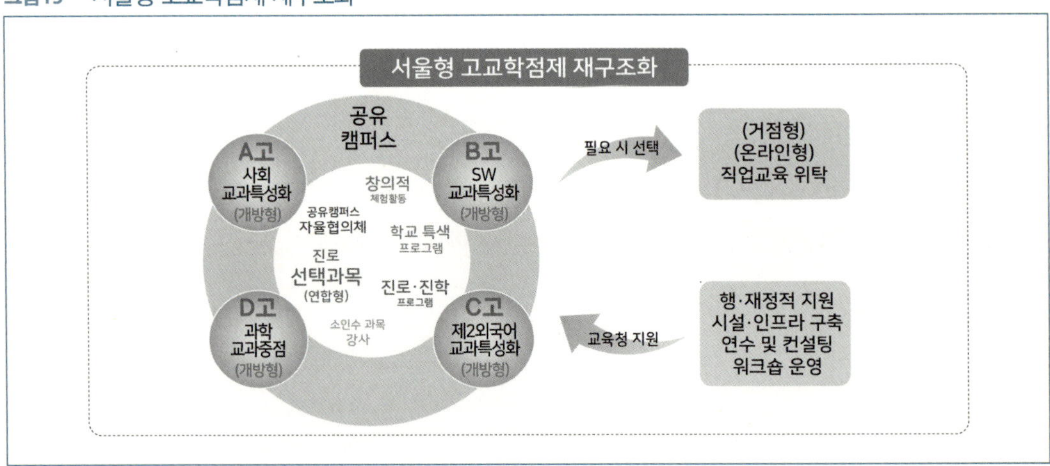

출처: 서울특별시교육청, 미래를 설계하는 고등학교 지원을 위한 2020학년도 서울형 고교학점제 기본 계획.

표8 2020년 서울시교육청 공유캠퍼스 운영현황

교육지원청	공유캠퍼스(학교)	비고(자치구)
중부	중경고, 신광여고, 환일고	용산구, 중구
강서양천	강서고, 대일고, 영일고	강서구, 양천구
동작관악	당곡고, 수도여고, 영등포고	관악구, 동작구

출처: 서울특별시교육청, 미래를 설계하는 고등학교 지원을 위한 2020학년도 서울형 고교학점제 기본 계획.

표9 서울시 교육청 공유캠퍼스 추진계획(2020년 기준)

추진연도	2020년	2021년	~2024
운영	3캠퍼스	11캠퍼스 이상 (지원청별 1개 이상)	25캠퍼스 (자치구별 1개 이상)
예산	180,000천원	820,000천원	2,000,000천원

출처: 서울특별시교육청, 미래를 설계하는 고등학교 지원을 위한 2020학년도 서울형 고교학점제 기본 계획.

성 등을 중심으로 '공유캠퍼스(sharing campus)'라는 개념으로 발전시키고 있다(그림15).

2020년 현재 운영 중인 서울특별시 공유캠퍼스는 총 3개 캠퍼스 10교를 선정하였으며, 2020년 9월에 선정되어 2021년부터 운영되고 있는 신규 공유캠퍼스는 총 5캠퍼스 16교다. 2021학년도부터는 교육지원청별 1개 지구 이상으로 확대를 추진하고, 더 나아가 2024년까지는 서울특별시 25개 자치구에 각각 1개 이상 마련할 계획이다(표8, 9).

그러나 서울시교육청 등에서 공유캠퍼스 개념을 제시하고 있으나 아직 학교를 평면적으로 연결한 정도일 뿐, 학교별 특성화에 기초한 명실상부한 캠퍼스 구축으로 발전하기에는 역부족인 상태다. 게다가 학교 간 이동 거리 문제로 인해 통합적 캠퍼스 구축으로 나아가기까지는 사실상 어려운 상황이다. 특히 서울시교육청에서 추진하는 공유캠퍼스는 단위학교 간 자율적 협의만을 강조하여, 공유캠퍼스 운영 시 노출될 수 있는 다양한 문제점, 즉 학교 간 자연적 교과 특성화에 따른 불균등성 발생, 전문적인 융복합강좌 개설 문제, 소인수과목 개설 문제, 학생들이 선호하는 실무선호과목 개설 문제, 지역 초·중등학교 및 대학 간 연계를 통한 고교학점제의 내실화 및 실효성 있는 확대 필요성의 문제 등에 대해 적극적 대응이 어렵다.

서울시교육청에서는 공유캠퍼스를 현재 고교학점제의 실행 방안으로만 제시하고 있다. 그러나 보다 적극적으로 서울형 공유캠퍼스 개념을 재해석하고 그 단점을 극복할 수 있다면 나중에 살펴볼 '고교 자치캠퍼스'로까지 발전할 수 있다. 이와 같은 고교자치캠퍼스를 기반으로 초·중·고 교육을 연계 혁신하고, 지역의 교육자원과 학교를 협업으로 통합할 수 있다면, 궁극적으로 '자치분권 교육공동체'로까지 발전할 수 있다.

지역기반 고교 자치캠퍼스가 성공적으로 실현되려면, ① 학교별 교육과정 특(성)화를 통한 개별학교 교육과정 업그레이드와 연계, ② 고등학교 간의 지리적 인접과 밀접성의 강화(와 획기적 이동대책), ③ 고교학점제 및 초·중·고 연

계를 통한 지역 전체 학교교육 업그레이드, ④ 학점제 프로
그램을 전문적으로 보완하고 교육 연계 및 지원 프로그램
을 기획 지원할 수 있는 교육지원센터 설립과 같은 기반들
이 조성되어야 한다.

고교학점제의 선결조건: 고교학점제와 국가교육정책

고교학점제는 2025년 전면 시행하겠다고 하지만 실제로는 이미 본격적으로 시행되고 있다. 교육부 계획에 따라 전국의 특성화고는 올해 2022년부터 도입되고, 전국의 일반고는 내년 2023년 1학년부터 단계적으로 시작된다. 경기도 일반고는 한 해 더 빠르다. 올해 100% 연구선도학교로 지정해 교육부 계획보다도 3년 앞당길 계획이다.

고교학점제는 학생들의 개별 맞춤 교육과정의 선택권을 보장하고 나아가 현행 입시제도와 문제풀이에 질식해온 우리 교육 전반의 새로운 대전환의 계기가 될 것으로 기대된다. 하지만 아무리 좋은 제도라도 성공적 안착을 위한 여건 조성 등 준비가 제대로 되지 않는다면 좋은 취지가 변질, 퇴색할 뿐 아니라 오히려 우리 교육이 안고 있는 문제를 더욱 심화시키는 역작용도 발생하게 된다. 게다가 그 당사자인 학생들에게는 한번 더 라는 것이 없는 중요한 시기인 고등학교 시절이다. 고교학점제는 고등학교의 존재방식을 근본적으로 변화시키는 교육의 본질적 변화이기에 더더욱 철저하고 광범위한 준비가 요구된다.

고교학점제의 성공적 안착을 위해서는 대학입시제도, 내신, 교원, 시설 등 4대 선결조건의 국가 차원에서의 해결이 필요하다.

첫째, 대학입시제도 개편은 고교학점제 성공의 관건이라 할 정도로 중요하다. 고교학점제는 절대평가를 기반으로 하는 반면, 현행 대입제도는 상대평가를 위주로 운용되고 있다. 따라서 고교학점제가 적용된 학교의 대입 수험생들은 당장 내년 입시부터 불이익을 감수해야 한다. 더구나 교육부는 이같은 상대평가의 기조를 더욱 확장시켜 정시모집을 40%까지 확대할 것을 공언하고 있어 학생 학부모들의 혼란은 더욱 커질 것이다. 교육부는 2024년에 새로운 대입제도를 발표한다지만 그때까지는 현행 입시제도의 틀을 유지할 것이 확실시되고 있다. 이 때문에 자칫 일선학교에서는 고교학점제가 수능에 유리한 과목위주로 파행운영되면서 제도의 본래취지가 왜곡 변질되는 상황도 예견된다.

둘째, 내신제도도 고교학점제에 맞게 운용돼야 한다. 고교학점제는 학생의 성장과 발달에 초점을 맞춘 제도다. 그래서 경쟁이나 줄세우기식 상대평가보다 학습목표 달성도를 평가하는 준거지향평가나 절대평가가 바람직하다. 하지만 교육부는 선택과목만 절대평가로 하고, 공통과목은 9등급으로 나뉜 상대평가를 병행한다는 방침이다. 예전보다 절대평가(성취평가제)가 늘어난 점은 긍정적이나 공통과목을 상대평가하겠다는것은 납득하기 어렵다.

셋째, 교원확보방안도 중요한 과제다. 고교학점제에서는 학생이 원하는 과목을 선택하여 공부하는 만큼, 행정상 학급보다 수업학급이 많아질 것은 자명하다. 고교학점제가 본궤도에 오르려면 교원 8만명이 더 필요하다는 연구결과도 있다. 그래서 교육부도 연구선도학교에 교원추가배치를 할 수밖에 없다. 문제는 시점이다. 고교학점제를 반영한 새로운 교원수급모델은 올해에나 마련돼 빨라야 2023년부터 실제 배치될 전망이다. 그때까지는 준비도 덜된 반쪽짜리 제도운영이라는 볼썽사나운 모습이 불가피하게 된다.

넷째, 시설확충도 필수적이다. 학점제를 시행하려면 지금의 고등학교와 달리 학습공간만 하더라도 소규모 교실부터 대규모 교실, 오프라인 공간 뿐만 아니라 온라인 수업실등이 필요하다. 이밖에도 공강 시간이나 소그룹 활동을 위한 공용공간, 도서관 등 지원공간도 확보돼야 한다. 여기에 학생들의 이동을 최소화할 수 있는 동선관리가 이뤄져야 한다. 학점제형 공간조성이 완료된 일반고는 2021년 기준으로 45%에 불과하다. 전국 1,680개교 중 756교뿐이다. 경기도내 일반고는 대개가 시설도 갖추지 못한 채 고교학점제 연구선도학교로 운영될 처지에 놓였다. 경기도의 고교학점제 추진이 의심스런 대목이다. 교육부 계획에 따르면 공간조성은 2024년에 야 완료될 예정이다.

학교 밖의 시설도 마찬가지다. 수업 개설에서부터 고교학점제의 지역격차가 예상되기 때문이다. 이를 해소하려면 지역별로 공동 교육과정 운영이나 학교간 협 업, 또는 지역교육청 차원의 학습장 운영 등 다각적인 방안이 요구된다.

교육부는 지난해 1월, 2020년 제도 도입기반이 얼마나 이뤄지고 있는지 자체 평가한 결과를 공개했다. '매우 우수' 등급을 매겼다. 준비 잘 하고 있다는 뜻이다. 그러면서도 개선보완 필요사항으로 몇 가지를 언급했다. '대학입시, 학생 평가제도 등 고교학점제의 장애요인 해소'와 '학생이 선택한 교과목을 가르칠 수 있는 적정 교원 배치' 등이다. 교육부도 선결과제가 무엇인지 잘 안다는 뜻이다. 그러면서도 정작 제도 시행을 앞두고는 선결과제를 도외시한 채 무책임한 모습으로 일관하고 있는 것이다.

따라서 향후 교육정책의 향배를 결정할 고교학점제의 성공적 실천을 위해서는 다음과 같은 선결적 과제를 우선적으로 추진할 필요가 있다.

첫째, 정부는 2024년 대학입시 개편 전 고교학점제를 이수한 학생들에 대한 대학입시 대책을 조속히 마련해야한다. 아울러 2028년 새로운 대입방향에서 고교 학점제에 상응하는 수능의 자격고사화, 내신의 절대평가화, 그리고 학생부 전형 확 대 등을 적극 수용해야 한다.

둘째, 고교 교원양성체제를 근본적으로 재검토하고, 고교 교원임용의 다원화, 다양한 협업교육의 모색 등 고교학점제를 질적으로 제고할 수 있는 교원확보에 적 극적으로 나서야 한다.

셋째, 교육부와 시도교육청은 교실 등 부족한 인프라를 확보하는 한편 지역별로 교육과정의 자율성을 부여하고 인접한 고등학교간의 특화와 협력에 기반한 '자치분권형 고교학점제' 운영방안을 적극 모색해야 한다.

넷째, 시도교육청은 무리하게 고교학점제를 전면확대를 추진할 것이 아니라, 대입제도, 내신평가방안, 교원수급, 인프라확보 등 제반 선결조건 구비상황을 면밀히 검토하여, 시기 조정 등 점진적이고 단계적인 고교학점제의 현실적인 실천전략을 서둘러 마련해야 한다.

이렇듯 고교학점제를 성공적으로 완수할 수 있는 조건을 갖추면서, 동시에 초·중·고간의 교육철학, 교육내용의 일관성을 추구해야 한다. 현재 국가교육과정에 관제되는 지나친 교과서 의존형 암기교육이 아니라 창의지성교육으로의 전면적 쇄신이 필요하다.

2011년 경기도교육청에서는 초등학교에서 고등학교에 이르는 일관된 창의지성교육과정을 구상한 바 있다. 초등학교 고학년단계에는 학생의 생각을 일깨우는 '기초교양교육', 그리고 중학교와 고1까지는 '창의지성교육과정', 그리고 고2~3의 경우 '창의형 진로진학과정'을 운영하겠다는 것이었다. 이렇듯 초등학교로부터 고등학교까지 지성과 각자의 재능, 탁월성을 기르기 위한 일관된 교육철학 속에서 통합성을 견지하면서도 독서, 문화예술, 과학탐구, 노작, 실천 및 사회봉사 등 다양한 교육접근이 이루어지도록 하는 것이 공교육대혁명의 또 다른 조건이 된다. 이를 통해 공교육은 학교간의 교육의 품격과 질을 대폭 향상할 수 있다.

한편 이러한 초·중·고 연계-통합형 교육 생태계에 대한 문제의식은 다양한 학제개편의 문제의식으로도 이어질 수 있다. 경기도에서 이른바 미래학교로 운위되고 있는 초중통합학교 혹은 중고통합학교는 본질적으로 초·중·고연계교육에 대한 올바른 생태적 조건이 존재할 때 비로소 성공할 수 있다. 그만큼 공교육대혁명을 뒷받침하는 학교체제가 올바로 작동되려면, 고교학점제가 성공적으로 정착하고 이를 전제로 한 초중등교육의 교육과정의 통합이 이루어져야 한다.

(3) 교육내용과 문화, 생태계의 재편성

공교육대혁명을 뒷받침하는 교육체제는 교육내용과 문화, 생태계를 인류문명사적 대전환시대에 정합적으로 보다 근본적으로 변화시키는 것이다. 먼저 교육내용과 관련하여, 공교육대혁명은 디지털 기술혁명시대 인간다움을 발전시키고 시민적 지성을 키워내는 고품격 선진교육으로 나아가야한다. 구미의 선진국에서 이른바 엘리트교육으로 자리잡은 교육내용과 방법이 한국에서는 공교육의 내용과 방법으로 재구성되는 것이다. 디지털 기술혁명은 이러한 엘리트교육의 대중화를 용이하게 한다. 대전환의 시대, 이제 생각과 지성은 엘리트들만의 전유물이어서는 안되고, 모든 시민들이 평등하게 이를 향유해 각자의 탁월성을 폭넓게 발휘하고 그에 기초해 더불어 행복한 연대공동체를 만들어나갈 수 있도록 해야 한다. 디지털 기술혁명의 시기일수록 인간학의 필요성은 더욱 커지며, 생각과 지성을 대중들이 미래 세계에 대한 통치역량으로 갖추고 활용할 수 있도록 해야 한다.

이러한 생각과 지성 중심의 인간학 교육은 독서, 감상,

실험, 실천에 기초해 스스로의 생각의 씨앗을 키우고 민주적인 토론을 통해 성장하고 발전한다. 이러한 고품격 교육은 교사의 일방적인 지식전이 교육이 아니라, 교사와 학생간, 학생과 학생간의 잘 짜여진 상호주체적 접근(토론, 프로젝트 등)을 통해 진리를 발견, 발전시켜가는 과정이다. 이런 점에서 공교육의 고품격 선진교육에는 절대적으로 민주주의가 필요하다. 학생들을 교육의 주체로 세우고, 교육과정에서 민주주의를 습득하고 몸에 자연스럽게 익힐 수 있도록 말이다. 결국 창의지성교육과 민주주의학교는 공교육대혁명을 보여주는 통합된 두얼굴이다. 생각을 키우기 위해서는 자유와 책임이 전제된 민주주의가 절대적으로 필요하고, 학교에서 민주주의가 정착하면 학생들이 주체로 나서고 결국 생각을 키우는 공부의 필요성이 커진다.

한편 공교육대혁명의 고품격 선진교육은 국가만이 아니라 전 사회가 책임지고 맞춤형으로 아이들의 잠재력과 탁월성을 키우도록 하는 과정이다. 특히 고등학교에서 고교학점제가 올바로 작동한다면, 더욱 그러하다. 그러나 학교라는 공간은 사회적 불평등이라는 생태조건으로부터 자유롭지 못하다. 아이들의 불평등은 경제적 생활의 불평등에서 출발하지만, 문화적 불평등, 나아가 사회자본의 불평등으로 이어진다. 이러한 조건을 그대로 둔채 고품격 선진교육으로 나아간다면 교육불평등은 더욱 심화될 것이고,

공교육대혁명의 가치는 반감될 수밖에 없다. 따라서 공교
육대혁명은 학교의 불평등한 생태계에 대한 근본적 대응을
포함해야 한다. 이를 위해서 교사의 헌신적인 노력도 중요
하지만, 전문적인 영역의 교육자(educator)들이 학교교육의
개별 맞춤형 업그레이드를 지원하고 학생들의 평등한 교육
력을 뒷받침하기 위해 적극적인 교육협업을 추진할 필요가
있다.

3. 교육모델: 지역협치 자치분권교육공동체

1) 화성 창의지성교육도시의 선례와 교훈

자치분권의 권한을 갖는 새로운 교육공동체는 2012년부터 2018년까지 이루어진 화성시 '창의지성교육도시' 모형에서 그 선례를 발견할 수 있다. 필자는 2012년부터 2015년초까지 '화성시창의지성지원센터'의 센터장으로 이 사업을 진두지휘했다. 화성의 경험을 발전시켜 '자치분권 교육공동체'의 특징을 이끌어내자면 다음과 같다. 첫째, 지역의 교육브랜드를 창출하기 위해, 먼저 준비가 된 지자체를 선정한다. 둘째, 기초자치체는 하드웨어면의 집중투자를 담당하고 교육청은 교육내용과 관련된 소프트웨어면의 투자와 교원공급 등을 책임지는 영역별 업무분담 체제를 만든다. 셋째, 교육감이 선정한 전문가(대리인), 지자체장, 지역교육장으로 구성되는 최고 의사결정 거버넌스를 구축해 고도의 교육자치권한을 부여한다.

여기에서 가장 중요한 것은 해당 교육공동체의 교육방향에 대한 연구개발, 설계, 연수, 컨설팅, 평가피드백 등을 종합적으로 지휘하고 수행하는 교육지원센터다. 이 교육지원센터는 독립된 혁신지향 조직으로 자체적으로 임용된 교사 및 교육전문가, 그리고 교육청 및 지자체의 지원인력으로 구성되는데 교육감이 지정하는 전문가가 직접 지휘한다. 이때 교육지원청은 교육지원센터와 협력하여 교육공동체의 발전적 업무를 지원하는 역할을 담당한다. 이런 점에서 교육지원청의 슬림화와 함께 전문적 교육청 인력을 교육지원센터로 재배치해 혁신적 업무를 담당하도록 할 필요성도 제기된다.

이러한 체제를 통해 교육청의 새로운 교육내용, 설계와 지역의 교육투자 및 교육자원(인력, 문화 등) 등이 어우러져 학교교육을 향상시키고 이를 지역의 교육브랜드로 만들기 위한 협업과 융합을 지향한다. 결국 학교교육의 통합적 연계적 향상을 위해 학교와 지역간의 벽을 해소하고 지역의 교육자원이 적극적으로 협업, 융합할 수 있었던 것이다.

이를 통해 학교의 교육과정을 교과서에 의존하는 전통적 지식전이 수업이 아니라 창의지성교육으로 재구성하고, 수업의 질을 높이기 위한 1교실 2교사제(지원교사 투입), 독서교육, 문화예술감상, 체험교육 등에 대한 교육컨텐츠를 연구개발하고 이를 지원할 체제를 구축하였다. 나아가 학생들의 교육주체화를 뒷받침하기 위해 학교민주주의 지원, 그리고 학부모의 공공적 교육태도를 강화하고 협업적 참여를 가능하게 하기 위해 학부모아카데미를 운영했다.

2) 지역협치 자치분권교육공동체

초연결사회에서는 오프라인과 온라인의 융합을 통해 다양한 새로운 가치가 창출된다. 초연결사회가 가져올 변화는 단지 기존의 인터넷과 디지털 기술 발전으로 인한 연결성 증대만이 아니라 우리가 살아가는 방식 전체, 즉 사회의 존재방식 차원에서 큰 변화를 가져올 것이다. 초연결사회는 교육에도 완전히 새로운 변화를 가져올 것이다. 초연결사회에 대응하는 연결을 통한 교육의 새로운 모델 구축이 필요한 시점이다.

공교육대혁명의 교육모델, '지역협치 자치분권교육공동체'

새로운 교육대전환의 모델은 기존 혁신학교의 '개별학교 중심, 혁신이 용이한 초등학교 중심'의 접근과는 달리, '지역 전체의 교육전환, 고교학점제를 통한 고등학교 개혁부터'라는 특징을 가진다. 이제 교육혁신의 첫 단계는 지역 차원에서 고등학교를 네트워크화하여 고교학점제를 충실하게 실천하고, 이를 통해 지역 고교교육 전체의 선택지 확대, 품격 고양과 선진적 미래학력 명문화를 추진할 수 있다. 이를 위한 구상은 다음과 같다.

첫째, 지역 고등학교 자치캠퍼스의 구성이다. 인구 40만 정도를 단위로 8~10개의 인접한 고등학교를 하나의 고교학점제 네트워크로 구성하여, 이를 고등학교 자치캠퍼스로 명명하며, 각각의 고등학교를 준특목고 수준으로 교과목군 전문적 특화를 추진한다. 자치캠퍼스 안의 고등학교들은 각각의 학교들이 제공하는 전문적이고 다양한 교과목들을 공유하도록 설계되어야하며, 학생이 어떤 고등학교에 소속하더라도 개인의 재능과 취향에 따라 탁월성을 키울 수 있도록 개별 맞춤형 교육과정의 구성이 가능하다.

둘째, 지역별 고교교육 통합과 질적 제고를 위한 인프라의 제공이다. 자치캠퍼스의 원활한 발전을 위해서는 교육부 및 시도교육청의 교육과정 편성, 운영권을 대폭적으로 이관받아 지역별 특징에 부합하는 학교별 교육과정의 특화를 지원하고 지역차원에서 교육과정의 공유, 통합을 민주적으로 주도해야한다. 뿐만 아니라 기초학력 지원, 전문적 심화학습 지원, 전반적 교육협치를 위한 플랫폼 등을 제공할 '지역교육센터'의 운영이 필요하다.

나아가 학교 간의 물리적 이동거리를 버싱(busing, 지역내 고등학교간의 공영셔틀버스)으로 최소화하고 온라인 기반의 수업공유를 추진하도록 해 학생들의 일상적 선택지를 확대해주어야 한다. 이러한 물리적 거리의 최소화가 어려운 중소도시 및 농산어촌 지역의 경우는 온라인 수업기반의 교과목 공유를 기본으로 함과 동시에 자치캠퍼스 내 교통의 요충에 있고 인프라 확충이 용이한 학교를 '본부학교'로 지정하여, 여기에 '지역 공동학습장'을 설치해 다양한 교과를 여기에서 개설·운영하도록 함으로써, 필요한 학생이 주말을 포함해 주1~3일동안 소속학교가 아닌 본부학교 공동학습장에서 수업을 이수할 수 있도록 선택지를 확대해주어야 한다.

셋째, 이와 같은 지역차원의 교육단위 구축을 통해 고교학점제가 성공한다면, 초등학교와 중학교도 혁신학교의 경험을 살려 학교민주주의와 교사들의 전문적 학습공동체를 발전시켜, 개별 맞춤형 생각중심의 미래학력을 성장시킬 수 있다. 고교학점제 자치캠퍼스를 설계, 운영하는 '지역 교육센터'는 초중학교의 교육활동의 방향 및 프로그램을 지역 교육의 방향 및 지역별 고교교육의 방향에 통합적일 수 있도록 공동으로 설계하고, 이의 실천을 위한 민주적 허브 혹은 플랫폼으로서의 역할을 해야 한다. 이를 통해 지역내부의 모든 초·중·고등학교가 통합적 구도 속에서 교육내용을 혁신할 수 있다.

넷째, 지역 학교들의 네트워크인 '교육캠퍼스'는 궁극적으로 지역전체와 협력하는 '자치분권교육공동체'로 나아가야한다. 이 지역별 교육캠퍼스가 하나의 단위가 되어, 앞에서 지적한 대전환시대의 과제들을 실천해 공교육대전환을 이루어야 한다. 여기에는 학교신설, 과밀학급의 획기적 해소, 암기수업이 아닌 생각 수업으로의 전환을 위한 다양한 전문적 지원체계, 불평등 해소와 복지 및 책임교육의 수행, 녹색전환·지속가능학교로의 전환, 민주주의학교의 전면적 추진 등 교육과 관련된 거의 모든 과제들이 포함된다.

이러한 과제를 성공적으로 해결하기 위해서는 학교 담장을 허물고, 지역과 학교, 교육간의 융합적 협력이 이루어져야 한다. 초연결시대 이미 우리는 국가간, 지역간 지리적 경계가 허물어지는 것을 지켜보았다. 이를 위해서는 교육과 지자체의 지역내 공동의사결정, 지역교육에 대한 대대적 재정투자, 지역의 전문적 교육자원과 학교교육자원의 적극적 협업을 가능하게 하는 전면적 교육협치가 필요하다. 지금까지는 지역교육지원청을 매개로 도교육청이 개별학교들을 거시적으로 관제하는 교육체제였다. 그러나 고교학점제를 기반으로 하는 공교육대혁명의 교육캠퍼스는 개별학교의 담장이 거의 존재하지 않고 지역과 교육이 융합하는 교육체제다.

도교육청은 대전환시대 교육방향과 이를 뒷받침할 소프트웨어, 교육자원을 제공하되, 구체적인 지역별 교육과정의 특징과 방향, 지역별 교육투자계획, 공교육대혁명의 지속성을 담보하기 위한 조건, 지역교육자원의 적극적 활용방안 등에 대해서는 해당 지역에 자치분권의 권한을 대폭적으로 주어야한다. 이를 통해 지역 교육브랜드를 전면적으로 개발할 수 있도록 실천적 공간을 열어 주어야 한다 (그림16).

 고교학점제기반 '자치캠퍼스', '자치분권교육공동체'

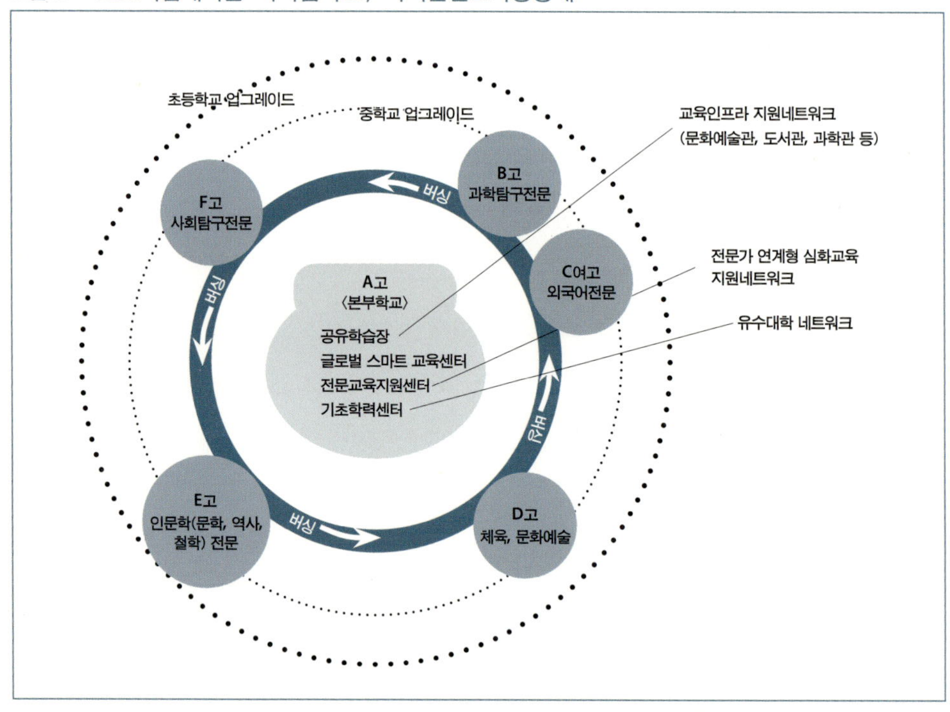

분권자치형 교육협치를 통한 폐교문제의 해결 방법

교육부는 지난 17일 '2021 농어촌 참 좋은 작은 학교' 공모전에서 선정된 초등학교 11개, 중학교 5개 사례를 공개했다. 이는 교육부가 운영합리화를 명분으로 그 동안 시행해오던 소규모학교 통폐합 정책을 2019년부터 지속가능한 농어촌 학교 구현으로 방향을 바꾼 데 따른 것이다. 이러한 우수사례를 확산시켜 농어촌 학교의 경쟁력을 높이고 나아가 인구유입에 따른 지역의 활력을 북돋우려 한다는 것이 교육부의 설명이다.

폐교가 인근지역에 가져다주는 갖가지 부작용을 감안하면 교육부의 이 같은 정책전환은 긍정적이다. 폐교로 인해 인근 주민들은 교육기회의 불평등문제에 직면할 뿐 아니라, 해당 지역으로의 젊은 인구의 이입 가능성을 막아 지역이 낙후되고 그로 인한 사회경제적 불이익을 감수해야 하는 처지로 내몰리고 있기 때문이다.

학교의 존치문제는 당면한 아동 수에 따른 경제적 비용문제로 판단될 일이 아니다. 헌법에 명시된 평등한 교육기회를 제공하고 다양하고 질적으로 높은 교육내용으로 저출산 사회에서 아이들 한명 한명의 잠재적 탁월성을 극대화한다는 차원에서 고려되어야 할 일이다.

이런 점에서 폐교는 대증요법일뿐 문제를 해결하는 능사가 아니다. 새로운 교육 가능성의 기회라는 보다 전향적인 시각으로 바라본다면 학령인구 감소에 대처하는 전화위복의 기회가 될 수 있다.

경기도의 경우도 2021년 5월 폐교는 모두 117곳에 이른다. 교육부가 농어촌 소규모학교 폐교 방침을 바꾼 2019년 이후에도 용인 기흥중학교(2019년), 파주 법원초등학교(2019년), 파주 동패초등학교(2020년),부천 덕산초 대장분교(2021년), 남

양주 마석초 녹촌분교(2019년), 안성 서삼초등학교(2021년), 화성 서신초 제부분교
(2019년) 등 10여 곳이 폐교되었다. 이 중 대광초 부지에 초중등 미래학교(대광 초
중통합학교), 보개초등학교 폐교자리에 '신나는 학교'(경기미래학교), 군서중의 폐교
대신 군서미래국제학교 개교 등 일부 이른바 '경기미래형 학교'를 제외하면 모두 교
육공동화 또는 지역소멸위기의 실상을 그대로 반영하고 있다.

문제는 교육부의 폐교에 대한 문제 인식과 해소를 위한 접근방식이다. 농어촌
학교, 구도심지역의 폐교 원인은 단순히 학교의 경쟁력이 떨어지는 데서 비롯된 현
상이 아니다. 그보다는 지역경제와 사회 문화 등 제반요소의 복합적인 작용의 결과
라고 할 수 있다. 따라서 폐교문제를 해결하기 위한 노력도 지역사회가 갖고 있는
총제적인 문제를 인식하고 해결하는 것과 함께 추진되어야 한다.

그러자면 교육부나 교육청 수준이 아니라 정부, 지자체를 아우르는 기관들이
머리를 맞대고 각 분야별 종합적인 대책과 처방이 뒤따라야 한다. 그리고 그 지역
시민사회와 마을공동체의 교육주체가 충분히 학교재생에 참여하고, 지역사회의 다양
한 교육자원들이 교육의 질을 높이는데 활용되어야 한다. 교육재생을 위해서 지역실정
에 맞는 분권자치형 교육협치가 필요한 이유다.

폐교가 교육문제에서부터 출발하지만 해결의 단계에서는 지역내 일자리와 소
득 확대로 주민 삶의 질이 개선되고 여기에 보건 문화 접근성 제고와 함께 특화된
교육서비스를 제공하는 등 정주여건의 획기적 개선으로 이어질 수 있도록 복합적
인 대책이 어우려져야 한다.

"작지만 강하고 아름다운 학교" 슬로건은 지역소멸 위기를 겪고있는 농산어촌
의 학교에만 적용될 일이 아니다, 대도시의 일반학교들에서도 접목되도록 해야 한
다. 따라서 폐교정책의 방향은 다음과 같은 차원에서 검토되고 진행되어야 한다.

첫째, 시도교육청 차원에서 추진되는 미래형 학교, 즉 초중통합학교, 중고통합학교, 공립형 대안학교, 국제학교 등 농어촌 및 구도심지 폐교에 대응하는 다양한 미래교육을 위해 교육과정운영, 교사인사제도, 학교자치, 지역교육자원의 활용 등의 면에서 전면적 자율권을 우선 보장하는 종합대책 마련에 앞장서야 한다.

둘째, 시도교육청은 농산어촌, 구도심지역 등 지역특성을 감안해, 실현가능한 다양한 교육 대안 모델을 연구개발하고 이를 실현할 수 있는 교원역량을 강화하기 위해 노력해야 한다.

셋째, 시도교육청은 솔선하여 폐교가 예상되는 지역의 자치체, 시민사회, 마을교육공동체 등과 연계하여 교육의 질적 재구성 및 학교 생태계 재구축을 위한 분권자치형 "교육재생거버넌스" 운영에 앞장서야 한다.

넷째, 광역 및 기초 자치체는 폐교 위기 학교의 질적 재구성을 중심으로 지역재생전략을 추진하기 위한 주체를 명확히 설정하고, 분권자치형 교육협치와 교육재생에 필요한 재정 및 인적 지원을 서둘러야 한다.

이제 교육의 문제는 제한된 학교와 교육커뮤니티만의 문제가 아니고, 대한민국의 미래를 결정할 대한민국 전체의 문제다. 학령인구감소, 디지털 기술혁명, 기후·환경위기, 극심한 사회적 불평등과 양극화, 학교를 둘러싼 다양한 이해충돌 등 위기요인을 대한민국 교육을 대전환할 전화위복의 계기로 삼고, 앞으로 백년을 내다보는 교육적 상상력을 통해 한국 교육을 전면적으로 재설계하고 이를 실현하기 위해 대대적인 개편을 단행해야한다.

대한민국의 교육은 대전환의 기로에 서있다. 이러한 대전환시대 공교육대혁명에는 인적, 물적 인프라를 강화하기 위한 대대적 재정투자도 필요하지만, 대전환시대가 요구하는 다양한 과제와 우리 공동체 내부의 총체적 전문역량을 쌍방향에서 민주적, 역동적으로 연결할 수 있도록 잘 설계된 교육플랫폼이 대단히 중요하다. 이를 통해서 다양한 영역, 다양한 층위에서 교육과 교육 외부의 전문적 역량들 간의 교육협치가 대대적으로 전개되도록 물꼬를 터주어 교육대전환을 이루는 것이 절실하다. 세계 최저의 출생률시대 대한민국의 공교육은 협치와 협력을 통해 새로운 발전의 가능성을 열어야 한다.

이를 위해서 교육감은 교육청에 한정된 자원과 역량을 활용해 자신만의 성과를 만들어 내려는 독점적이고 일방적인 자세에서 벗어나야한다. 나아가 교육청이 교육공동체 전반을 관료적으로 관리·통제하려는 구 시대적 자세로는 현재 요구되는 공교육대혁명을 향한 대대적 교육협치를 이루어낼 수 없다. 현단계 교육과 학교가 직면하고 있는 문제를 진단하는 것 또한 교육청 내부의 자원과 프리즘만으로는 안된다. 교육의 핵심에 있는 학생들의 고통은 무엇인지, 그들은 무엇을 원하는지는 물론, 현재 교육으로 인한 학부모의 어려움은 무엇인지, 학부모가 진정 바라는 것은 무엇인지, 그리고 우리 사회의 시민들이 바라보는 교육의 모습은 어떠하고, 시민들이 교육에 대해 바라는 것은 무엇인지를 정확히 듣고, 그에 기초해 공교육대혁명의 올바른 방향을 찾아가야 한다. **교육청은 그런 점에서 이러한 모든 소통이 이루어지고 해결책을 찾아가는 공간, 즉 민주적 교육플랫폼이 되어야 한다.**

현 단계 한국 교육과 학교가 당면한 문제에 대한 해법도 교육청 속에서 관행적으로 이루어져오던 방안과 접근법으로 대응하는 것이 아니라, 교육공동체 내외부를 아우르는 다양한 공적영역 및 시민사회, 그리고 민간영역들이 '민주적 플랫폼'으로 모일 수 있도록 새로운 교육협치의 공간을 제공하는 것이 중요하다. 그 위에서 교육에 대한 다양한 현실적 요구가 다양한 수준 및 형태의 해법과 만나서 훌륭한 대인적 해결책을 만들 수 있도록 '그라운드 셋팅(ground setting)’을 하는 것이 중요하다.

　　그러므로 지역의 교육자치의 수장으로서 교육감의 철학과 가치는 지시적인 것이 아니라 쌍방향 소통적이어야 하며, 이러한 새로운 리더십의 특징은 이 ‘그라운드 셋팅’에 반영되어야 한다. 예를 들어 교육감은 교육철학과 비전을 통해 거시적인 방향을 설정하고, 플랫폼의 신뢰할 수 있는 프레임을 제공하는 역할을 해야 한다. 그 위에서 구체적인 혁신, 전환의 요구와 그에 대한 해법, 그리고 이를 추진할 주체가 다양한 조우를 통해서 최적의 협치와 융합을 이룰 수 있도록 해야 한다. 교육감은 교육협치의 공공적 장을 정치적, 제도적으로 제공하고 이의 지속성을 보장하는 역할을 해야 한다. 시대적 국가적 비전하에 잘 설계된 교육협치 플랫폼을 통해서 현장의 역동성을 일깨우고 현장의 변화를 가속화해서 시대적 교육과제를 충족하는 자치분권교육, 교육협치의 모델을 형성해야 한다.

　　민주적 교육플랫폼을 통한 교육협치는 지역단위 내부에서 학교와 지역의 협업, 학교와 학교의 협업, 교사와 전문적 역량간의 협업, 학교(교사)와 학부모의 협업, 학교와 대학의 협업, 학교와 민간기업의 협업 등등 다양한 네트워크망으로 연결될 수 있다.

　　세계사적, 국가적 대전환의 위기 앞에서, 2022년 우리

가 만들어 가야 할 대한민국 백년대계, 교육비전은 교육협

치와 민주주의학교를 통한 공교육대혁명이다.

대전환시대

공교육대혁명

초판 1쇄 발행 | 2022년 2월 25일

지　　음 | 송주명
발행인 | 김태진
발행처 | 진인진
등　　록 | 제25100-2005-000003호
본문편집 | 배원일, 김민경
주　　소 | 경기도 과천시 별양상가 1로 18 614호(별양동 과천오피스텔)
전　　화 | 02-507-3077~8
팩　　스 | 02-507-3079
홈페이지 | http://www.zininzin.co.kr
이메일 | pub@zininzin.co.kr

ⓒ 송주명 2022
ISBN 978-89-6347-493-9 03300